"Toda mujer tiene el poder de declarar bendiciones sobre su vida y la de su familia. Su éxito o su derrota comienzan con los dichos de sus labios.

En este maravilloso libro, Samara nos presenta una serie de declaraciones que traerán fruto, bendición y éxito a la vida de cada lectora; haciendo de esta obra una lectura necesaria para toda persona que aspire a tener una vida victoriosa, exitosa y llena de las bendiciones de Dios".

—Pastores Carlos y Cindy Ortiz, CV Miami

"Samara Pérez desafía a toda mujer a tomar las riendas de su vida y a declarar: "¡No permitiré más emociones destructivas y desorden en mi vida!". Como esposa de pastor escucho a mujeres con temores reales tales como "no sé si yo puedo hacer esto", o se quejan por "lo que es su vida". Pero en *Declaraciones de vida para la mujer*, Samara nos enseña de una manera práctica y hermosa que, ¡nunca es tarde para activar la vida que queremos transferir a otros por medio del poder de una declaración!".

—Raquel Valverde (Primera dama),
Iglesia Fuente de Verdad, Rancho Cucamonga, CA

"Cuando comencemos a avanzar conforme a la visión que Dios nos dio, vendrá la oposición. Algunas veces llegará encarnada en una persona, pensamiento o situación, y buscará obstaculizar la cristalización de nuestro propósito. Samara lo ha vivido en diferentes etapas de su vida y variadas facetas como mujer. En este libro, nos abre su corazón para compartir experiencias que renuevan nuestra confianza en Dios, y nos brinda herramientas prácticas que nos ayudan a poner la fe en acción. Te invito a leer este libro que contiene poderosas confesiones bíblicas que nos recuerdan las promesas de Dios y la importancia de declarar su palabra, para así disfrutar la vida plena que tiene preparada para los que en él confían".

—Fayra Castro, fundadora y presidenta de El Mensaje
Comunicacio... ...orida

"Excelente y apasionada cantautora, salmista dedicada y consagrada al servicio de Dios, quien en esta ocasión tenemos la oportunidad de disfrutar como escritora, trayéndonos un tema maravilloso y muy necesario para la vida de toda mujer. Por mi cercanía con ella, sé de primera mano que *Declaraciones de vida para la mujer* surge de su vivencia personal de fe y convicción. He aquí un libro maravilloso que nos inspira e impulsa a seguir hacia adelante, por difíciles que se vean las cosas, y que promete llegar a la vida de muchas personas activando su fe, su creer y su esperar en Dios".

—Patty M. Prada, pastora y psicóloga/
Iglesia Revive, San Antonio, Texas
Autora del libro *Cuando perdonar no es suficiente*

"Samara siempre ha sido una mujer muy coherente y positiva. Su testimonio de vida y de hogar es un ejemplo para la mujer de hoy. Su libro nos propone una forma práctica y sencilla de entender la importancia de la declaración en nuestra vida. Sin duda, este libro se convertirá en un manual para muchas personas, que además de enseñar y mostrar el camino, las empoderará para continuar en la búsqueda de su propósito de vida. ¡Gracias Samara por ser un ejemplo de mujer para mí!"

—Juliana Loaiza, directora Revista Eva Magazine y
JulianaLoaiza.com Agencia, Cali, Colombia

DECLARACIONES

DE

VIDA

PARA LA

MUJER

DECLARACIONES DE VIDA PARA LA MUJER

SAMARA PÉREZ

CASA
CREACIÓN

La mayoría de los productos de Casa Creación están disponibles a un precio con descuento en cantidades de mayoreo para promociones de ventas, ofertas especiales, levantar fondos y atender necesidades educativas. Para más información, escriba a Casa Creación, 600 Rinehart Road, Lake Mary, Florida, 32746; o llame al teléfono (407) 333-7117 en Estados Unidos.

Declaraciones de vida para la mujer por Samara Pérez
Publicado por Casa Creación
Una compañía de Charisma Media
600 Rinehart Road
Lake Mary, Florida 32746
www.casacreacion.com

Edición por: Gisela Sawin
Diseño de portada por: Justin Evans
Director de Diseño: Justin Evans
Library of Congress Control Number: 2018961941
ISBN: 978-1-62999-412-3
E-Book ISBN: 978-1-62999-414-7

Impreso en los Estados Unidos de América
19 20 21 22 23 * 6 5 4 3 2

DEDICATORIA

A mi Dios, que me amó, me perdonó, me justificó y me salvó.

A James, mi mejor amigo, mi esposo y mi compañero de aventuras. A ti que me amas y conoces todas mis virtudes y todos mis errores. A ti, por hacerme reír, por el café de todas mis mañanas y por creer en mí.

A mis hijos, Sabrina y Jamses, por haber traído a mi vida tanta felicidad.

A mami Lupe, por ser una madre de oración e inspiración.

A mis hermanas Luisa, Carolina y Beruska.

A toda mujer que cree en el poder que existe sobre la declaración.

CONTENIDO

PRÓLOGO

LO VISUALIZAS EN tu mente, lo hueles en la atmósfera y hasta lo alcanzas a tocar en tus sueños. Así es aquello que creemos que es "un imposible", pero que sin duda es alcanzable cuando activas tu fe. Aprendí durante mi travesía por el peor desierto de mi vida que la fe era mi salida y que tendría que ser activada por mí y solo por mí. No podría delegársela a mis padres, aunque muchas veces me sentía derrotada. No podía quedarme con los brazos cruzados y simplemente esperar que todo se solucionara por sí mismo, tenía que poner mi fe en acción.

En esos momentos de soledad y silencio, cuando me encontraba aturdida y sin solución alguna, recuerdo que leía todos los salmos para aprender a orar como lo hacía el rey David, anhelando en el proceso que Dios, en su día tan ocupado, en algún momento pudiera escucharme.

En verdad, desde mi niñez, solo había conocido a un Dios de juicio y de castigo, y no entendía las profundidades, el poder, el amor y la compasión que están a nuestro alcance cuando nos postramos delante del Padre celestial, con un corazón contrito y humillado.

Cuando activamos nuestra fe, el Señor con gusto abre las ventanas de los cielos y como buen Padre nos complace. Él es un Dios de detalles y por eso nuestras oraciones deben ser con detalles, y aún más nuestras declaraciones. Recuerdo esa etapa cuando mis padres y yo llegábamos de noche y nos parábamos frente a lo que un día había sido la casa que Ricardo y yo compartíamos. Allí, con fe, regábamos aceite ungido sobre el ingreso a la casa y declarábamos que Dios iba sanar el corazón de Ricardo, que nuestro matrimonio iba a ser restaurado, y que en su tiempo, me iba a devolver todo lo que el enemigo me había robado. Semana tras semana íbamos sin importarnos nada, con solo una clara y definida asignación, la restauración y restitución de nuestro gozo. Qué importante fue poner a un lado todo lo que había sucedido, la vergüenza, el enojo, la carga de culpabilidad y dolor, y por encima de todo, la negatividad que inundaba mi corazón con cada respirar gritando a mis oídos: "¡Tú no puedes!".

Declarar sobre tu vida y la vida de tus seres queridos activa algo sobrenatural que nuestros ojos no podrán ver en ese momento, pero que ciertamente da resultados extraordinarios.

Nunca es demasiado pronto para enseñarle a tus hijos ser personas de fe y positivas activando lo que el gran amor de Dios nos quiere regalar. Mis hijas estuvieron en una lista de espera durante dos años para entrar a una escuela excelente que está ubicada en la esquina de nuestra casa. Pasaban los meses y nada sucedía. Ellas siempre me decían: "Mami, yo quiero ir a esa escuela. Mira qué linda es".

Un día viendo sus caritas tristes recordé cómo declaraba con mi boca lo que para mí en el momento parecía ser "un imposible". Al final, Dios me lo concedió añadiendo mucho más de lo que hasta mis sueños podrían imaginar. Ellas eran un milagro de Dios al igual que mi matrimonio, cómo no enseñarles que ellas, como hijas de Dios, tenían esa autoridad de declarar con fe que también iban a ser aceptadas en esa escuela. Cada día que pasábamos rumbo a la otra escuela levantaban sus manitos y repetían día tras día lo mismo: "Declaro que soy hija de un Dios viviente que todo lo puede, un Dios soberano que abrirá puertas para mi vida, y nosotras, Miabella y Madison, entraremos por ellas con fe, sabiendo que nadie las podrá cerrar. ¡Declaramos que esta será nuestra escuela! ¡Amén!". En mi mente yo le pedía a Dios que les concediera este deseo pues quería que ellas vieran el poder que hay en las declaraciones de los hijos de Dios, y así fue. Hoy, ellas oran con fe y declaran sanidad cuando alguien está enfermo, protección sobre sus padres cuando viajan, y sabiduría para triunfar en sus asignaciones escolares.

Cuánto hubiera deseado tener en mis manos un libro como el que hoy Dios le ha dado a Samara. Úselo y compártalo porque lo que Dios hace en nuestra vida es para ser reciclado. ¡Hoy más que nunca vivimos en un mundo que requiere de hombres y mujeres de fe, que declaran lo que no es, como si fuera!

Éxitos Samara y mil gracias por el gran honor de poder escribir este prólogo de tu primer libro.

¡Sin duda será de bendición para miles!

—Susana Rodríguez
Conferencista y autora del libro *¿Y si comenzamos de nuevo?*

DECLARACIONES DE VIDA PARA LA MUJER

Ser frágil no es señal de debilidad o un demérito para su vida. La Palabra de Dios explica la fragilidad de una mujer como la característica principal y exclusiva de un ser sumamente especial que transfiere vida y que fácilmente puede fracturarse si hay ausencia de cuidados.

¡Quién pudiera imaginar que un ser tan frágil sea capaz de enfrentar los desafíos más retadores, en un mundo tan áspero y rudo!

Mujer, tu más grande virtud es la fortaleza, pero la fortaleza cansa cuando la fragilidad se fractura.

En cada uno de mis embarazos viví la experiencia de poder declarar cosas hermosas a un ser que crecía dentro de mí, pero a quien no podía ver. Cada declaración estaba compuesta de palabras dulces, amorosas y alentadoras. Esto me animaba cada día a creer, a confiar y a proclamar que la vida de ese ser venía a aportar algo maravilloso a este mundo. Fue allí donde descubrí que la fragilidad y la declaración de vida hacia una mujer comienzan en el útero de su madre.

Durante el proceso de crecimiento, una mujer trae consigo ciertos desafíos que asustan. Lamentablemente la vida no te advierte de las caídas que puedas experimentar, de las enfermedades que tengas que pelear, de las decepciones que te toquen enfrentar y de las emociones que tienden a descontrolarse para quitarnos lo que todo ser humano busca diariamente: Vivir en paz. Pero la Palabra de Dios lo advierte en Juan 16:33, cuando dice: "Les he dicho todo lo anterior para que en mí tengan paz. Aquí en el mundo tendrán muchas pruebas y tristezas; pero anímense, porque yo he vencido al mundo" (NTV).

Lo primero que debemos entender en este verso es que cuando Jesús dijo: "¡Anímense!". Estaba proponiéndote usar tu disposición emocional adecuada en medio de un "PERO", es decir en medio de una mala noticia o circunstancia.

Luego, hace una "DECLARACIÓN" que se transforma en una "ACLARACIÓN"; porque eso es lo que realmente significa "DECLARAR". La palabra "aclarar"[1] viene del latín "acclarare" y significa quitar lo que nubla la visión.

Esta declaración manifiesta abiertamente lo que produce la vida en el mundo en que vivimos. Es por ello que debemos aprender que una declaración es la aclaración verbal de lo que nubla tu visión. Puede que en algún momento te falle la vista, pero nunca dejes que nada nuble tu visión, pues es tu percepción para descubrir algo que aún no conoces.

Según las estadísticas, el promedio de palabras que una mujer pronuncia durante un día es de entre 20,000 a 27,000. Al mismo tiempo, la Biblia afirma que el poder de la vida y la muerte están en la lengua. Es por ello que toda mujer debe comprender el concepto de que: Si transfiere vida y tiene poder en su boca, tiene el permiso y la autoridad divina de "declarar vida".

"PERO" para "declarar vida" la mujer tendrá que aplicar las tres llaves principales que darán acceso a tal "declaración", que posteriormente será una "aclaración", para luego convertirse en una "bendición".

Recuerda que Jesús siempre DECLARABA, ACLARABA y BENDECÍA.

Llave #1 CREE:

En Marcos 9:23 Jesús dijo: "Si puedes creer, al que cree todo le es posible". No se trata de solamente creer, sino de soportar la duda y vencerla. ¡Eso es creer!

Llave #2 CONFÍA:

"Bendito el varón que confía en Jehová, y cuya confianza es Jehová. Porque será como el árbol plantado junto a las aguas, que junto a la corriente echará sus raíces, y no verá cuando viene el calor, sino que su hoja estará verde; y en el año de sequía no se fatigará, ni dejará de dar fruto" (Jeremías 17:7-8).

---

[1]   Recurso: Significado de aclarar: Etimologias.dechile.net

La confianza en Dios es la llave que debes usar en tus tiempos difíciles, pues es la que te permitirá estar de pie y bendecida en tiempos de sequía.

Llave #3 PROCLAMA:

"Den gracias al Señor, proclamen su nombre; den a conocer sus obras entre las naciones" (Salmo 105:1 NVI).

El que proclama expone públicamente la obra de Dios. ¡Abre tu boca!

—Samara Pérez

GUÍA DE LECTURA Y PROPÓSITO

QUERIDA LECTORA, ES mi deseo que puedas sacar el máximo potencial a este libro, para ello quisiera recomendarte la manera más efectiva de hacerlo. No se trata de leer una declaración más, sino de aprender a manifestar acción en tus palabras, y así experimentar una anticipación de lo que Dios ya tiene para ti.

Inicia la *Declaración* de cada día de la siguiente forma:

+ Comienza con una oración corta.

+ Lee la *Declaración* que corresponde a tu día.

+ Cuando llegues a la *Declaración* de hoy, hazlo en voz alta, y visualízala.

+ Luego séllala con un AMÉN.

+ Escribe en las líneas inferiores tu propia *Declaración*.

+ Comparte con tus hijos, tu pareja y tus amigas estas *Declaraciones*, puedes hacerlo como un devocional o para trasmitirles fe.

+ Lee una *Declaración* por día. De esa manera podrás digerir, pensar y meditar en lo que Dios quiere hablarte.

+ Activa tu *Declaración* repitiéndola durante el transcurso del día, pues mientras más lo dices, más lo crees, y si lo crees, lo recibes.

+ Bendigo tu vida y declaro sabiduría e inteligencia sobre ti para que comprendas el poder de una *Declaración de vida*.

Declaración #1
ES HORA DE ORDENAR

*"En el principio creó Dios los cielos y la tierra. Y la tierra
estaba desordenada y vacía". –Génesis 1:1-2a*

DIOS ES ORDEN. El trabajo perfecto de Dios solo se lleva a cabo en
una atmósfera ordenada. Él no obrará a su perfección si no decides ordenar las prioridades en tu vida. Nadie puede decorar una casa si no se ha limpiado primero. Tampoco podrás sembrar una nueva semilla en un terreno sucio, o comer un alimento sin haberlo lavado primero. El que trata de crear bajo el desorden, sufrirá las consecuencias de una demolición. El diseño divino fue ordenar para crear, y no crear para demoler.

Declaración de hoy:
DECLARO orden en mi vida para una transformación.
DECLARO orden en mis finanzas para una liberación.
DECLARO orden en mi familia para edificación.
DECLARO orden en mi espiritualidad para mi salvación.

Herramientas:
¿Cómo ordenarse para una transformación?

+ Haz una lista de las áreas de tu vida que necesitan ser ordenadas.

+ Planifica pequeñas metas diarias para conquistar buenos hábitos de orden. Cuando realizas cambios drásticos, obtienes resultados drásticos.

¿Cómo ordenarse para una liberación financiera?

+ Comienza por hacer un presupuesto que pueda guiarte diariamente.

+ Ten balance en tus gastos. Todo desbalance crea crisis.

+ Sé consciente de tus ingresos. No puedes gastar más de lo que ganas.

1

¿Cómo ordenarse para la edificación de tu familia?

+ Ora en familia.
+ Celebra cada meta alcanzada, ya sea "pequeña o grande".
+ Digan palabras afirmativas los unos a los otros.
+ Crea una atmósfera de amor, porque el amor todo lo puede.

¿Cómo ordenar tu espiritualidad para tu salvación?

+ Ponte de acuerdo con Dios diariamente por medio de la oración.
+ Lee su Palabra. Dios siempre tendrá algo que recordarte.
+ Envuélvete en las actividades de tu iglesia local. Fuiste creada para servir.

RECUERDA:

La diferencia entre la belleza de un jardín y la selva, es el orden.

CREO, CONFÍO Y PROCLAMO LO SIGUIENTE:

_____

_____

_____

_____

_____

_____

_____

_____

_____

_____

Declaración #2
DEBO TERMINAR LO QUE COMENCÉ

"Así quedaron terminados los cielos y la tierra, y todo lo que hay en ellos". –Génesis 2:1 (NVI)

Dios NO ES solo un Dios de comienzos sino también de finales. Él siempre termina lo que comienza. Hay una gran diferencia entre comenzar y terminar. Todo lo que comienzas en tu vida te da expectativa, y la expectativa trae esperanza. Pero todo lo que terminas es una muestra de la cosecha de tu perseverancia, y como consecuencia te da satisfacción y reposo. Dios culminó su obra y tuvo satisfacción con su trabajo y reposo luego de haberlo concluido.

Declaración de hoy:
DECLARO que terminaré lo que he comenzado para hallar reposo.
DECLARO que terminaré lo que he comenzado para sentir satisfacción del esfuerzo de mi trabajo.
DECLARO que terminaré mi trabajo para recoger el fruto de mi perseverancia.
DECLARO terminar para llegar a la meta que Dios trazó para mi vida.

Herramientas:
¿Cómo terminar para hallar reposo?

+ Celebra cada vez que alcances una meta, y luego no olvides reposar.
+ Toma un tiempo de descanso para volver a planificar. El descanso trae creatividad. No eres de hierro, necesitas un tiempo para ti.

¿Cómo terminar para sentir satisfacción del esfuerzo realizado?

+ Haz una lista de las tareas diarias que tienes que terminar y marca con una X cada labor cumplida.

- Comienza a proponerte pequeñas metas que tú sabes que puedes terminar. Por ejemplo: Si deseas bajar de peso, la recomendación sería bajar semanalmente un número pequeño de libras o kilos, en vez de una meta con un número gigante que sabes que no cumplirás. La satisfacción de bajar tres libras o kilos en un periodo de tiempo corto es más agradable que decir: "No pude bajar las 100 libras o kilos que debía bajar".

- Celebra cada triunfo con tus seres queridos. Sus palabras te harán sentir importante y satisfecha.

¿Cómo terminar para recoger frutos?

- Reconoce tus propias capacidades. ¡No exageres! Tus metas deben ser reales para que las termines con éxito.

- Prepárate mental y espiritualmente para recoger tu propia cosecha.

- Escribe el día que deseas recoger el fruto de tu trabajo.

¿Cómo terminar para llegar a la meta?

- Ponle fecha de expiración a tus objetivos. Esa acción te animará a trabajar con más entusiasmo.

- Crea estrategias para alcanzar tu meta.

- No camines solo a la meta, involucra a aquellas personas que te ayudarán a lograrlo.

RECUERDA:

Comenzar es arrancar, pero terminar es realmente despegar.

CREO, CONFÍO Y PROCLAMO LO SIGUIENTE:

_____

_____

_____

Declaración #3
MI PACTO

"No olvidaré mi pacto, ni mudaré lo que ha salido de mis labios". —Salmo 89:34

DESDE EL PRINCIPIO, Dios ha sido un Dios de pacto, y su pacto nunca cambiará. Si puedes entender que un pacto es una alianza, un acuerdo, un trato o un compromiso; entonces comprenderás la magnitud del compromiso que Dios tiene contigo para bendecirte, amarte, perdonarte y prosperarte. Hacer alianza con Dios será siempre el mejor acuerdo de nuestra vida. ¡Anímate y haz hoy un pacto con Dios!

Declaración de hoy
DECLARO que haré alianza con Dios.
DECLARO que no olvidaré los pactos de Dios sobre mi vida.
DECLARO un nuevo pacto entre Dios y mi casa.
DECLARO un acuerdo con Dios.

Herramientas:
¿Cómo hacer alianza con Dios?

+ Estudia cada pacto que Dios hizo desde el principio para que entiendas el propósito de cada uno de ellos.

+ La oración es la mejor alianza. ¡Ora!

+ Un pacto es un compromiso. Cuando te comprometes con Dios, ¡Él cumple!

¿Cómo no olvidar los pactos de Dios sobre mi vida?

+ Ten presente sus pactos diariamente.

+ Cuando dudas de que Dios obra es que no has creído en el pacto.

+ Cuando los problemas quieren distraerte, recuerda cada pacto que se ha hecho sobre tu vida, para volver a enfocarte.

¿Cómo hacer pacto entre Dios y tu casa?

+ Haz una oración familiar y declara el nuevo pacto sobre tu casa, tu esposo y tus hijos.

+ Habla diariamente con tu familia del pacto que Dios hizo para tu casa.

+ Cuando la familia se une al pacto, se une a la bendición.

+ La familia no debe vivir en el pasado, sino en el nuevo pacto.

¿Cómo hacer acuerdos con Dios?

+ Aprende a hacer negocios con Dios.

+ Cambia tus estrategias, no tus fundamentos.

+ Ponte de acuerdo con Dios para recibir. Su intención es estar de acuerdo contigo para dártelo.

RECUERDA:

La belleza de la promesa trae consigo algo atractivo, pero el pacto une compromisos.

CREO, CONFÍO Y PROCLAMO LO SIGUIENTE:

_____

_____

_____

_____

_____

_____

_____

_____

Declaración #4
ME AFERRO A LA PROMESA

"Visitó Jehová a Sara, como había dicho, e hizo Jehová con Sara como había hablado. Y Sara concibió y dio a Abraham un hijo en su vejez, en el tiempo que Dios le había dicho". –Génesis 21:1-2

DIOS CUMPLE LO que promete, así como está escrito en Números 23:19. Muchas veces nuestro problema no es la FE, sino nuestro calendario o reloj. Esto es exactamente lo que le pasó a Sara, su reloj biológico había marcado un fin, pero el reloj de Dios marca horas, lugares y tiempos muy diferentes al de Sara, al tuyo y al mío. No te preocupes cuándo sucederá el milagro. Mantén la calma, sigue confiando y aférrate a la promesa.

Declaración de hoy

DECLARO que lo que Dios me prometió, se cumplirá.

DECLARO que el tiempo de Dios es perfecto para hacer su voluntad.

DECLARO que sus promesas son fieles y verdaderas.

DECLARO que me aferraré a su promesa más que nunca.

Herramientas

¿Qué hacer cuando Dios promete y cumple?

+ Escribe lo que Dios te prometió y ponlo en un lugar donde puedas leerlo diariamente.

+ Celebra cuando Dios cumpla.

+ No guardes en secreto lo que Dios ha hecho por ti, ¡testifícalo a otros!

¿Cómo saber si es el tiempo de Dios?

+ Su tiempo es perfecto y su paz es un excelente indicador de su tiempo.

+ Dios no trabaja con tu calendario, ni con tu reloj. ¡Sé paciente!

- Pídele a Dios que haga su voluntad. Esperar con contentamiento es la clave del proceso.

¿Cómo entender que su promesa es fiel y verdadera?

- Empieza por entender si es conveniente o destructivo para ti.
- La promesa debe ser creída, para ser poseída.
- La fidelidad de Dios no se basa en tus necesidades sino en tu fe.

¿Cómo aferrarme a las promesas de Dios?

- Aprópiate y aférrate de la promesa usando la palabra: MI PROMESA.
- Lee historias bíblicas que te refresquen la memoria y te ayuden a aumentar tu fe. Si Él lo hizo en el pasado, también lo puede hacer hoy.
- Tu distancia con Dios determinará el cumplimiento de la promesa. Examina qué tan lejos o qué tan cerca te encuentras de Él.

RECUERDA:

Un mandato debe ser obedecido. Una promesa debe ser creída.

CREO, CONFÍO Y PROCLAMO LO SIGUIENTE:

_____

_____

_____

_____

_____

_____

_____

Declaración #5
MI SACRIFICIO

"Aconteció después de estas cosas, que probó Dios a Abraham, y le dijo: Abraham. Y él respondió: Heme aquí. Y dijo: Toma ahora tu hijo, tu único, Isaac, a quien amas, y vete a tierra de Moriah, y ofrécelo allí en holocausto sobre uno de los montes que yo te diré". –Génesis 22:1-2

ESTE VERSO NOS explica una prueba de amor. En el verso anterior al citado, Dios les hace una bella promesa a Sara y Abraham en su vejez; les dice que serían padres. Sin embargo, luego les pide que ofrezcan al niño en sacrificio. Hay un pequeño detalle muy interesante en este verso, Dios es consciente del gran amor de Abraham hacia su hijo, ¿por qué hacerle pasar este mal rato? Pienso que la voluntad de Dios nunca te llevará donde su gracia no te proteja. En Dios no hay maldad y mucho menos intenciones de hacernos sufrir, pero como Padre sacará tu mayor potencial y aumentará tu capacidad de resistencia. Te has preguntado qué desea Dios de ti, algo que tú ames tanto como para entregarlo en sacrificio.

Declaración de hoy:
DECLARO sacrificar mi promesa para recibir mi recompensa.

DECLARO llevar al sacrificio eso que tanto amo, pero que me destruye.

DECLARO que esta prueba de sacrificio es para aumentar mi capacidad de resistencia.

DECLARO que iré, adoraré y regresaré.

Herramientas:
¿Qué debes sacrificar para recibir?

+ Comienza por sacrificar tu ego, porque es tu peor enemigo.
+ Analiza qué tipo de relaciones debes de sacrificar para obtener tu bendición.
+ Sacrifica lo que más te separa de Dios.

¿Qué es lo que te destruye y debes sacrificar?

+ Si mi propia opinión me destruye, debo sacrificarla.

- Si tu vínculo emocional con esa persona te está destruyendo, debes sacrificar toda relación tóxica.
- Entrega todo aquello que absorba tu tiempo al extremo.

¿Qué tipo de sacrificio aumenta mi capacidad de resistencia?

- Aquel que te cuesta mucho dolor dejar.
- Aquel que puedo llamar por su nombre y llevarlo al monte Moriah en oración y fe.
- Recuerda que si es bueno para ti, Dios NO lo dejará morir, usa las palabras en FE que usó Abraham: "Iremos, adoraremos y volveremos".

RECUERDA:

El precio de un sacrificio solo lo paga aquel que está dispuesto aun a quedarse en bancarrota.

CREO, CONFÍO Y PROCLAMO LO SIGUIENTE:

_____

_____

_____

_____

_____

_____

_____

_____

_____

_____

_____

Declaración #6
DECIDO PELEAR

"Y el varón le dijo: ¿Cuál es tu nombre? Y él respondió:
Jacob. Y el varón le dijo: No se dirá más tu nombre Jacob,
sino Israel; porque has luchado con Dios y con los
hombres, y has vencido". —Génesis 32:27-28

ESTE VERSO EXPLICA la determinación de una persona peleando por una bendición para darle un giro de 180 grados a su vida. Según el comienzo de esta historia, Jacob no tenía una buena reseña de sus antecedentes; pues todos sabemos que le robó la primogenitura a su hermano. Pero si hay algo que debemos de admirar de él fue su insistencia para derribar la resistencia y así conseguir la bendición que necesitaba para cambiar el destino de su vida. Esta determinación logró aun cambiar su propio nombre.

Declaración de hoy:
DECLARO que pelearé por mi bendición.
DECLARO ambición por la bendición de Dios en mi vida.
DECLARO el poder de Dios en mi vida.
DECLARO que Dios cambiará mi nombre.

Herramientas
¿Cómo pelear por tu bendición?

+ Debes reconocer que tu pelea no es personal, es decir, tu prójimo no es tu enemigo.

+ Jacob peleó en una determinada hora de la noche. Sacrifica tu tiempo si quieres obtener una bendición de esa magnitud.

+ No te rindas, aunque parezca que estás perdiendo la batalla.

+ Aprende a conocer tus estrategias. Si no funciona de esa manera, cambia de estrategia.

¿Debo de tener ambición por la bendición?

+ La ambición espiritual no es dañina, nunca la compares con la ambición terrenal.

+ Nunca dejes de crecer, sigue aprendiendo de los demás.

+ Mientras más buscas, más encuentras.

¿Cómo obtener el poder de Dios en tu vida?

+ La oración es la principal fuente de poder. Mientras más tiempo pases con Él, más poder Dios te concederá.

+ Actuar es la habilidad de poner por obra el poder que Dios depositó en ti.

+ Deja que los frutos del Espíritu, fructifiquen en ti.

¿Cómo Dios cambia tu nombre?

+ ¡Dios ya cambió tu nombre! Te llamas: Triunfadora, victoriosa, hija, reina, valiente, protegida, vigorosa, fuerte, conquistadora, frágil, dulce, mujer, imagen y semejanza de tu Creador.

+ Dios cambia tu nombre al creer en ti misma como hija de Dios.

+ Dios cambia tu nombre al desear siempre otro nivel en tu vida. ¡No te conformes!

RECUERDA

¡La bendición es la adquisición de tu persistencia, no de tus habilidades!

CREO, CONFÍO Y PROCLAMO LO SIGUIENTE:

_____

_____

_____

_____

CORRERÉ HACIA EL PERDÓN

*"Pero Esaú corrió a su encuentro y le abrazó, y se echó sobre
su cuello, y le besó; y lloraron". –Génesis 33:4*

NO IMPORTA EL tamaño de la ofensa de un ser querido, el perdón es indispensable. Esta historia nos indica que tarde o temprano hay un encuentro; ya sea para disgustarse o para alegrarse. Jacob sabía que su hermano venía en camino acompañado de un gran ejército, por lo que decidió antes del encuentro, enviar obsequios para hallar favor ante su hermano. Pero el final de esta historia es conmovedor, porque después de tantos años de separación y de perder disfrutarse como familia, vemos que el perdón siempre viene acompañado de ciertas bendiciones, que muchas veces pasamos por alto. En este encuentro hubo abrazos, besos y aun llanto de felicidad. Es por ello que dar el primer paso no es fácil, pero correr como corrió Esaú "el ofendido", para tener ese maravilloso encuentro, es de héroes. No dejes que la amargura te quite tu título de héroe… ¡Corre! ¡Hazlo!

Declaración de hoy
DECLARO que perdono a los que me han ofendido.

DECLARO que corro para dar ese primer paso de liberación.

DECLARO abrazar y besar a aquellos que amo y que el tiempo me ha quitado.

DECLARO perdonar como mi Padre celestial me perdona todos los días.

Herramientas:
¿Cómo perdonar a los que me han ofendido?

+ Siempre es bueno comenzar por acordarnos cómo Dios nos perdona diariamente. De esa manera nos damos cuenta de que nadie es perfecto.

+ Pedir disculpas no es igual que pedir perdón. Disculparse es una regla de buenos modales. Perdonar es salir de la prisión de la amargura que te tiene atrapada.

- Si hubo un daño emocional, debes buscar ayuda profesional y espiritual.

¿Cómo dar el primer paso para perdonar?

- Perdonar es una decisión, solo tú tienes el poder para dar el primer paso.
- Desconéctate de los lazos del pasado.
- Perdonar no significa volver a confiar. Perdonar es liberarse de esa persona que te ha dañado.

¿Qué hacer cuando el tiempo te ha robado momentos importantes con tus seres queridos por un mal entendido?

- Envíale un obsequio a ese ser querido a quien hace mucho tiempo llevas sin hablarle.
- Tus hijos no tienen la culpa de los problemas que tienen los adultos, deja que ellos disfruten a todos sus seres queridos. Como por ejemplo: tíos, primos, abuelos etc.
- Deja atrás los reproches y los malos recuerdos para comenzar a vivir nuevos momentos.

RECUERDA:

El perdón pertenece a aquellos que desean ser liberados de su ofensor y tú eres el único que posee esa llave para abrir esa puerta.

CREO, CONFÍO Y PROCLAMO LO SIGUIENTE:

_____

_____

_____

_____

_____

DECLARACIONES DE VIDA PARA LA MUJER

Declaración #8
GRACIA Y FAVOR

"El asunto pareció bien a Faraón y a sus siervos, y dijo Faraón a sus siervos: ¿Acaso hallaremos a otro hombre como éste, en quien esté el espíritu de Dios? Y dijo Faraón a José: Pues que Dios te ha hecho saber todo esto, no hay entendido ni sabio como tú. Tú estarás sobre mi casa, y por tu palabra se gobernará todo mi pueblo; solamente en el trono seré yo mayor que tú". —Génesis 41:38-40

ESTE PASAJE NOS recuerda que todo lo que necesitamos para subir a mayores escalas en los diferentes ámbitos de nuestra vida es la gracia y el favor de Dios. Esto no quiere decir que José no estaba preparado para asumir este tipo de responsabilidad, pero dudo mucho que por obra humana un preso salga de la cárcel para ser gobernador y administrador de una nación. Es decir, la mano derecha del Faraón. Cuando Dios te da gracia, quiere decir que te da la capacidad y la habilidad de estar en un lugar que tu mente no pensaba que podrías estar; pues la gracia de Dios viene acompañada de sabiduría, inteligencia y ciencia en toda arte. Cuando Dios te da su favor entonces eres una persona bendecida, el Señor está contigo y todo lo que tus manos tocan prospera.

Declaración de hoy:

DECLARO que la gracia de Dios está sobre mi vida y mi familia.

DECLARO que el favor de Dios está conmigo y bendice el fruto de mis manos.

DECLARO sabiduría, inteligencia en ciencia y en todo arte sobre mis hijos, y los hijos de mis hijos.

DECLARO promoción en todos los ámbitos de mi vida.

Herramientas

Declara gracia y favor sobre tu familia y tu vida:

+ Si tienes niños pequeños, te recomiendo que declares todos los días las bendiciones de Dios sobre su vida en una corta oración, puede ser antes de dormir o antes de enviarlos a la escuela.

- Cada vez que entres al lugar de tu trabajo, pídele a Dios favor y gracia. Serás más productivo y verás la diferencia.
- Toma la mano de tu pareja todas las noches antes de dormir y pídele gracia y favor a Dios para tu relación.

Declara prosperidad en tus labores.

- Si eres una persona que trabaja en su casa o fuera de ella, pídele a Dios diariamente que prospere tu labor.
- ¡No te conformes! Haz un trabajo extraordinario, y verás resultados de la misma característica.
- Cree en ti y en el trabajo de tus manos.

Dios te ha dado la habilidad de crear y actuar.

- Esto significa que tienes sabiduría para iniciar, inteligencia para ejecutar y ciencia para expandir. ¡Avanza!
- Tienes dones únicos, utilízalos para recibir esa promoción que tanto deseas.
- No subestimes la gracia y el favor de Dios en tu vida.

RECUERDA:

La gracia es un regalo de la cruz, y el favor es un regalo de la gracia.

CREO, CONFÍO Y PROCLAMO LO SIGUIENTE:

_____

_____

_____

_____

_____

_____

_____

MI LLAMADO

"Ven, por tanto, ahora, y te enviaré a Faraón, para que saques de Egipto a mi pueblo, los hijos de Israel. Entonces Moisés respondió a Dios: ¿Quién soy yo para que vaya a Faraón, y saque de Egipto a los hijos de Israel? Y él respondió: Ve, porque yo estaré contigo; y esto te será por señal de que yo te he enviado: cuando hayas sacado de Egipto al pueblo, serviréis a Dios sobre este monte". –Éxodo 3:10-12

ESTE VERSO NOS explica un llamado muy especial. Moisés no se siente capacitado y la misión no es muy fácil. Pero cuando Dios tiene un propósito, también tiene a la persona que lo ejecutará y usualmente Dios es parte de la misión para que nadie se lleve su Gloria, pues claramente sabemos que Dios no comparte su gloria con nadie. El punto es que todos tenemos un llamado para ejecutar distintas funciones en lugares diferentes. Cuando Dios te hace un llamado es porque fuiste escogido para un propósito particular, él no te llama porque conoce tus habilidades sino para glorificarse en tu falta de habilidad y demostrar su poder aun ante el más influyente Faraón. No tengas miedo de tu llamado. Recuerda: Solamente déjales saber que el "Yo soy" te envía.

Declaración de hoy:
DECLARO aceptar el reto de mi llamado.
DECLARO fuerzas en mi vida para cumplir mi llamado.
DECLARO que hay propósito en mi llamado.
DECLARO victoria en mi llamado.

Herramientas
¿Cómo reconocer tu llamado?

+ Cuando una de tus habilidades te apasiona, ese es tu llamado.

+ Cuando te incomoda un problema que tiene solución, ese es tu llamado.

+ Cuando siempre tienes una perspectiva espiritual en el ministerio, ese es tu llamado.

¿Cómo actuar sobre tu llamado?

+ Ponte en acción para hacerlo una realidad.
+ Haz alianza con Dios para que abra las puertas que solo él puede abrir.
+ Pon en práctica tus habilidades para llegar a donde quieres llegar.

Consecuencias de huir de tu llamado.

+ Dios te confrontará.
+ Dios te reemplazará por otro que sí está dispuesto.
+ Pierdes el sentido de tu propósito, hay tristeza.

RECUERDA:

El llamado no solo debe ser amado, respetado y protegido por lo que es, sino por quién te lo hizo.

CREO, CONFÍO Y PROCLAMO LO SIGUIENTE:

_____

_____

_____

_____

_____

_____

_____

_____

_____

_____

Declaración #10
ORACIÓN DEL CORAZÓN

"Pero Ana hablaba en su corazón, y solamente se movían sus labios, y su voz no se oía; y Elí la tuvo por ebria". —1 Samuel 1:13

ESTE VERSO NOS explica una oración diferente a la que muchas veces solemos hacer. En esta ocasión me refiero a Ana, una mujer que anhelaba un hijo con todo su corazón. Este hijo se volvió una petición, y esta petición se volvió un clamor de corazón. Tal fue el clamor, que sus labios solo se movían porque el corazón era el que hablaba. Esta acción hizo al sacerdote pensar que ella estaba ebria. ¿Alguna vez has experimentado hablar con el corazón? La Palabra de Dios dice que él no puede despreciar un corazón contrito (abatido) y humillado. Entonces no es secreto que para recibir una respuesta de Dios, debemos de aprender a orar con un corazón abatido, más que con palabras elocuentes.

Declaración de hoy
DECLARO que oraré para ser escuchada por mi Padre celestial.

DECLARO que alzaré una oración de poder donde mi corazón sea el que hable.

DECLARO que cubriré con oración la vida de mi esposo, de mis hijos, mi provisión y mi propia vida.

DECLARO que mi petición será escuchada.

Herramientas
La oración en familia es un arma poderosa.

+ Toma un tiempo diariamente para orar en familia.

+ Deja que todos los miembros de la familia expongan sus peticiones, necesidades y deseos para interceder en oración.

+ No subestimes la edad de nadie para hacer una intercesión o para pedir por una petición. ¡Todos cuentan!

Invoca el nombre de Jesús en tus oraciones.

+ Todos los milagros registrados en la Palabra están relacionados con el nombre de Jesús.

+ El nombre de Jesús tiene poder para obrar en todo, no te olvides pronunciarlo.

+ Cuando admites su nombre en tu oración, permites la entrada de su poder para obrar en tu respuesta.

Recuerda: Más oración, más poder. Poca oración, poco poder.

+ La oración determina tu relación, y tu relación determina tu confianza. Mientras más ores, más confianza tienes en Dios.

+ La oración te da acceso. Si quieres mucho acceso, debes recordar orar mucho.

+ La oración es una recomendación para no caer en tentación.

RECUERDA:

La oración no deseada, a veces llega a ser la oración que mantiene tu vida balanceada.

CREO, CONFÍO Y PROCLAMO LO SIGUIENTE:

_____

_____

_____

_____

_____

_____

_____

ESCOGIDA PARA SER UNGIDA

"E hizo pasar Isaí siete hijos suyos delante de Samuel; pero Samuel dijo a Isaí: Jehová no ha elegido a éstos. Entonces dijo Samuel a Isaí: ¿Son éstos todos tus hijos? Y él respondió: Queda aún el menor, que apacienta las ovejas. Y dijo Samuel a Isaí: Envía por él, porque no nos sentaremos a la mesa hasta que él venga aquí. Envió, pues, por él, y le hizo entrar; y era rubio, hermoso de ojos, y de buen parecer. Entonces Jehová dijo: Levántate y úngelo, porque éste es". –I Samuel 16:10-12

ESTA ES LA conmovedora historia sobre cómo se subestima al que pareciera no tener las cualidades para ser ungido por Dios. Todos sabemos que el profeta fue llevado por Dios a la casa de Isaí para ungir al futuro Rey de Israel. Esta escena nos muestra que todos los hijos de Isaí portaban no solo grandes cualidades, sino también eran excelentes candidatos ante el ojo humano para llevar una corona. Aunque David ni siquiera había sido invitado al banquete, él era el hombre que Dios había escogido. Probablemente te has encontrado alguna vez en tu vida en la misma situación de David. Muchos te han subestimado y aun te han dejado saber que no calificabas para llevar una corona. Si esa es tu posición, recuerda que Dios mira más allá de lo que el ojo humano puede mirar, solo él conoce los corazones. Si tú eres la escogida, no importa que no tengas invitación al banquete, Dios no se sentará a la mesa hasta que tú seas llamada para ser ungida.

Declaración de hoy

DECLARO unción sobre mi vida.

DECLARO que Dios ha calificado mi vida para llevar una corona.

DECLARO que Dios me ha dado cualidades extraordinarias para el ministerio.

DECLARO que tengo invitación para sentarme en un banquete con mi Padre.

Herramientas:

¿Cómo conocer tus habilidades?

- Cuando haces algo excelente que difícilmente puede ser superado por otro.
- Cuando te da mucha satisfacción ponerlo al servicio de Dios trabajando en tu iglesia y comunidad.
- Cuando la pasión te envuelve cada vez que ves los resultados.

Invierte tiempo a esas áreas que no son fuertes en tu vida.

- Nunca pares de crecer.
- Únete a personas con dones similares.
- No verás resultados diferentes, si sigues haciéndolo de la misma manera.

Declara unción sobre ti cada vez que desempeñas un trabajo.

- La unción se gana pagando un precio.
- Aparta tiempo para pedirle a Dios específicamente por unción fresca.
- No te conformes con los resultados del ayer, la unción fresca siempre es mejor que la vieja.

RECUERDA

Toda unción comienza con el deseo de obtenerla, pero su precio es altamente costoso y no todo el mundo está dispuesto a pagarlo.

CREO, CONFÍO Y PROCLAMO LO SIGUIENTE:

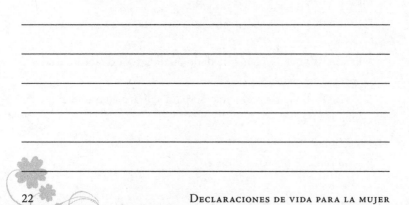

_____

_____

_____

_____

_____

_____

NO HAY RAZÓN PARA LOS CELOS

"Ahora bien, cuando el ejército regresó, después de haber matado David al filisteo, de todos los pueblos de Israel salían mujeres a recibir al rey Saúl. Al son de liras y panderetas, cantaban y bailaban, y exclamaban con gran regocijo: "Saúl mató a sus miles, ¡pero David, a sus diez miles!". Disgustado por lo que decían, Saúl se enfureció y protestó: "A David le dan crédito por diez ejércitos, pero a mí por uno solo. ¡Lo único que falta es que le den el reino!". Y a partir de esa ocasión, Saúl empezó a mirar a David con recelo". —1 Samuel 18:6-9 (NVI)

L A PERSECUCIÓN A David comenzó como resultado de los celos de Saúl por unos simples números. Todos sabemos que los celos provienen de Satanás. Por celos Caín mató a su hermano, y por celos Saúl comenzó una gran guerra en contra de David a tal punto que Dios debió desecharlo. Nota que en cada historia de celos no hay un final feliz. Los celos se han convertido en una de las armas primordiales del enemigo para desviar todo propósito divino. Por celos se destruyen familias, iglesias, ministerios, amistades, relaciones laborales y aun el mismo reino de Dios aquí en la tierra no puede avanzar por los ataques de celos que sufren los unos por los otros. Recuerda que tus números no son los números de Dios, que unos son llamados para lugares específicos con tareas diferentes. En la Biblia no todos los héroes mataron Goliats, hicieron descender fuego del cielo, oraron para que se detuviese el sol, extendieron la vara para que el mar se abriera. Esto nos demuestra que muchos hicieron cosas grandes y otras cosas pequeñas según sus habilidades para el beneficio del Reino de Dios.

Declaración de hoy

DECLARO desechar todo tipo de ataque de celos en contra de mi prójimo.

DECLARO bendecir el trabajo de mi prójimo en el reino de Dios.

DECLARO autoridad sobre la vida de todo aquel que es parte del Cuerpo de Cristo.

DECLARO prosperidad en todo tipo de trabajo que beneficie la obra de Dios.

Herramientas

Para contrarrestar los celos debes:

- Bendecir el fruto del trabajo de los demás.

- Alegrarte de corazón cuando alguien te cuente noticias de lo que está haciendo para avanzar personalmente o en la obra de Dios.

- Pedir consejos sobre las estrategias para crecer y así tú también obtener buenos resultados.

Para envolverte y ser parte de un logro colateral debes:

- Hacer alianza con otros que te ayuden a crecer.

- Apoyar a la gente que trabaja alrededor de ti para expandir el reino, ellos no son tus enemigos, ellos son parte de ti.

- Tomar acción para que las cosas sucedan.

¿Cómo entender tu propósito y tu llamado?

- Al reconocer que Dios te dio para que des a otros. ¡No te quedes con lo que tienes!

- Comprende los límites de tus habilidades, no todos tenemos el mismo llamado para hacer lo mismo.

- Entiende el concepto del Cuerpo de Cristo: Hay miembros grandes y pequeños con diferentes funciones, pero al final todos son necesarios.

RECUERDA:

Los celos y la envidia son la recompensa de aquel que te admira en privado.

CREO, CONFÍO Y PROCLAMO LO SIGUIENTE:

_____

_____

_____

Declaración #13
PIDIENDO SABIDURÍA

"Da, pues, a tu siervo corazón entendido para juzgar a tu pueblo, y para discernir entre lo bueno y lo malo; porque ¿quién podrá gobernar este tu pueblo tan grande? Y agradó delante del Señor que Salomón pidiese esto". —I Reyes 3:9-10

ESTE PASAJE NOS explica detalladamente que Dios está más interesado en que pidamos sabiduría para manejar nuestra vida, que pedir cosas que sin sabiduría terminan manejándonos a su antojo. En este caso particular, Dios se complació tanto del pedido de Salomón que optó, no solo por concederle ser el hombre más sabio, sino que lo llenó de bienes y riquezas. Esta enseñanza nos deja en claro que la sabiduría debe pedirse a Dios en todo momento, y Él sabrá añadir lo que nos hace falta.

Declaración de hoy
DECLARO que la sabiduría llegará a mi vida como un pedido especial.
DECLARO sabiduría ante todas mis decisiones.
DECLARO discernimiento para hallar sabiduría.
DECLARO sabiduría para gobernar mi casa.

Herramientas:
Para actuar con sabiduría debes:

+ Pedir sabiduría diariamente en oración.

+ Abrazar la sabiduría antes de tomar cualquier decisión.

+ La sabiduría debe ir acompañada de inteligencia y prudencia.

Cuando la sabiduría y el discernimiento se juntan... comprendes el verdadero propósito de todo.

+ Pide discernimiento antes de hacer cualquier negocio.

+ Si disciernes algo que no es de Dios, la sabiduría se inclinará por la mejor decisión para ti.

Para hallar prudencia debes:

+ Saber el momento indicado para hacer confrontaciones.
+ No hables más de lo que debas.
+ No andes con personas nocivas de comportamiento.

RECUERDA:

La sabiduría se obtiene si te sabes vestir de ella, si no reconoces tu imprudencia andarás desnudo ante ella.

CREO, CONFÍO Y PROCLAMO LO SIGUIENTE:

_____

_____

_____

_____

_____

_____

_____

_____

_____

_____

_____

_____

_____

_____

Declaración #14
CONOZCO MIS ARMAS

"Ve y reúne a todos los judíos que se hallan en Susa, y ayunad por mí, y no comáis ni bebáis en tres días, noche y día; yo también con mis doncellas ayunaré igualmente, y entonces entraré a ver al rey, aunque no sea conforme a la ley; y si perezco, que perezca". —Ester 4:16 (NBD)

A TRAVÉS DE ESTE verso podemos entender qué tipo de armas espirituales se deben usar frente a un problema. Todos conocemos la hermosa historia de Ester y la amarga amenaza de muerte en contra de su pueblo. Sabemos que esta bella mujer no usó sus tácticas femeninas para resolver semejante problema. Ella sabía que había respuesta en la oración, que el ayuno podía mover a Dios y que la intercesión tiene poder. De esa manera, esta mujer obtuvo el favor del rey, la liberación de su pueblo y se convirtió en reina. Ella conocía muy bien sus armas para vencer.

Declaración de hoy
DECLARO que usaré las mismas tácticas de pelea que usó Ester.

DECLARO poder en mi oración, en mi ayuno y en mi intercesión.

DECLARO que intercederé por la liberación del pueblo de Dios.

DECLARO victoria sobre mis problemas.

Herramientas:
Para ser efectiva en la oración debes:

+ Tratar de tener una hora estipulada para orar.
+ Haz una cita con Dios todos los días.
+ Reconoce que si te separas de Él, no podrás hacer nada.

Cree, declara y espera:

+ Cuando le crees a Dios, entiendes que todo obra para bien.
+ Cuando lo declaras, manifiestas acción con tus palabras.

- Cuando sabes esperar, determinas el grado de bendición que se acerca para tu vida.

Cuando te enfocas debes:

- Recordar que el ayuno es necesario para sensibilizar tus sentidos y así escuchar la voz de Dios.
- Interceder por los otros porque esto trae bendición.
- Usar las mejores armas espirituales que tienes: oración, ayuno e intercesión.

RECUERDA:

Tus tácticas espirituales fueron compradas a un alto precio, procura darle valor usándolas hacia el enemigo correcto.

CREO, CONFÍO Y PROCLAMO LO SIGUIENTE:

_____

_____

_____

_____

_____

_____

_____

_____

_____

_____

_____

_____

_____

MI INTEGRIDAD NO ES NEGOCIABLE

"Y él le dijo: Como suele hablar cualquiera de las mujeres fatuas, has hablado. ¿Qué? ¿Recibiremos de Dios el bien, y el mal no lo recibiremos? En todo esto no pecó Job con sus labios". —Job 2:10

L A INTEGRIDAD NO se negocia, y Job tenía este concepto muy claro. Todos conocemos esta famosa historia donde Satanás se atreve a decirle a Dios que es fácil para una persona que lo tiene todo, servirle con integridad. Pero como Dios conoce los corazones, le otorgó el permiso a Satanás para quitarle todo y probar su integridad. Qué decepción tuvo Satanás al saber que hay personas que aman y temen a Dios, y no están dispuestos a negociar su integridad.

Declaración de hoy
DECLARO que mi integridad no es negociable.
DECLARO que hay integridad en mi vida.
DECLARO recibir todo de parte de Dios con alegría.
DECLARO no pecar con mis labios.

Herramientas:
Cada vez que te veas comprometida a negociar tu integridad, recuerda:

+ No vale la pena perder mi integridad por algo pasajero.
+ Los peores negocios son aquellos donde pierdes más de que lo ganas.
+ Cambia de amistades, de atmósfera, de trabajo, de todo lo que quiera destruir tu integridad.

Pregúntate a ti misma antes de tomar cualquier decisión:

+ ¿Es íntegro?
+ ¿Le agradará a Dios?
+ ¿Involucrará mis valores?

Para no pecar con tus labios debes:

+ Hablar lo puro y lo necesario.
+ Agradecer sin quejarte.
+ Esperar con una actitud de contentamiento.

Recuerda:

No es la circunstancia la que te hace hablar más de la cuenta, es la falta de prudencia que toma control de tu lengua para decir lo que no debes, lo que no tienes y lo que no le incumbe.

Creo, confío y proclamo lo siguiente:

_____

_____

_____

_____

_____

_____

_____

_____

_____

_____

_____

_____

_____

_____

_____

_____

Declaración #16
SOY FRÁGIL

"El hombre nacido de mujer, corto de días, y hastiado de sinsabores, sale como una flor y es cortado, y huye como la sombra y no permanece". –Job 14:1-2

¡CUÁN FRÁGIL ES el ser humano! Job entendió que un día puedes despertar teniéndolo todo, y otro día despertar sin nada. Este hermoso pasaje es la reflexión de un hombre que compara el aliento de toda persona como una flor que abre en la mañana y en la noche puede marchitar. Es por ello que Job reconoce que el aliento de vida de todo ser humano se puede esfumar en cualquier momento, si así lo decide el Todopoderoso.

Declaración de hoy
DECLARO que soy un ser frágil, mas no débil.

DECLARO que estoy en las manos de Dios.

DECLARO que nada material es seguro, pero mi salvación será eterna.

DECLARO que serviré a Dios mientras viva.

Herramientas
Recuerda que eres frágil, más no débil:

+ Define tus prioridades para actuar con madurez.
+ No permitas que las circunstancias te subestimen.
+ Perfecciona tus habilidades.

Reconocer tu fragilidad indica que debes:

+ Tomar tus precauciones.
+ Atender tus necesidades emocionales.
+ Valorar y admitir tus cambios hormonales.

Disfruta cada momento que Dios te regala tomando tiempo para:

+ Besar, abrazar y amar a tus seres queridos.
+ Consentirte haciendo las cosas que te dan alegría.

+ No olvides decir "TE AMO" a las personas que realmente amas.

RECUERDA:

La fragilidad se puede hacer presente en las cosas más tiernas y en las cosas más intimidantes. ¡No te confundas!

CREO, CONFÍO Y PROCLAMO LO SIGUIENTE:

_____

_____

_____

_____

_____

_____

_____

_____

_____

_____

_____

_____

_____

_____

_____

_____

_____

EL SEÑOR ES MI PASTOR

"Jehová es mi pastor; nada me faltará. En lugares de delicados pastos me hará descansar; junto a aguas de reposo me pastoreará. Confortará mi alma; me guiará por sendas de justicia por amor de su nombre". —Salmo 23:1-3

CUANDO ESTAMOS EN el rebaño de nuestro Dios, nada nos puede faltar, pues todo pastor sabe lo que su redil necesita. Es hermoso saber que Dios, como nuestro pastor, nos cuida, nos alimenta, nos guía a lugares de verdes pastos, y nos protege de todo mal. Él es la fuente de todas nuestras necesidades.

Declaración de hoy

DECLARO que Dios como mi pastor es la fuente de todas mis necesidades.

DECLARO que Dios cuida de mí.

DECLARO provisión y cuidado en el rebaño de mi Pastor.

DECLARO que nada me faltará.

Herramientas

Cada vez que tengas que enfrentar circunstancias difíciles debes:

+ Pedirle a Dios, tu principal pastor, que te extienda su ayuda.

+ Confiar en los cuidados espirituales de tu Pastor.

+ Enfocarte en la solución y no en la circunstancia.

Cuando los recursos se estén agotando, recuerda que nada te faltará:

+ Pídele a Dios que abra puertas.

+ Piensa en una solución inmediata que te genere una rápida respuesta.

+ El Salmo 23 es un hermoso pasaje para leerlo todos los días con tu familia, y así les recuerdas que están bajo el cuidado del Todopoderoso.

¿Cuándo comienzan los problemas?

+ Cuando rehusamos ser cuidados por nuestro Pastor.
+ Cuando se corta toda comunicación con nuestro Pastor.
+ Cuando nos alejamos de nuestro Pastor.

RECUERDA:

No escojas tu propio pasto, lo que a tus ojos puede ser verde y muy bueno para ingerir, puede terminar intoxicándote. ¡Deja que tu Pastor te cuide!

CREO, CONFÍO Y PROCLAMO LO SIGUIENTE:

_____

_____

_____

_____

_____

_____

_____

_____

_____

_____

_____

_____

_____

_____

Declaración #18
AUXILIO EN LA TRIBULACIÓN

*"Dios es nuestro amparo y fortaleza, nuestro pronto auxilio en las
tribulaciones. Por tanto, no temeremos, aunque la tierra sea removida,
y se traspasen los montes al corazón del mar". –Salmo 46:1-2*

ESTE MARAVILLOSO SALMO declara que hay esperanza en la
tribulación. ¡No todo está perdido! Dios siempre te sorprenderá con algo nuevo. Hoy día, los seres humanos ponemos nuestra
confianza en el mundo y sus avances, pero Dios nos da la seguridad
que aun en toda la furia de la tribulación Él se puede hacer presente
para manifestar su poder.

Declaración de hoy

DECLARO que Dios me librará de todas mis angustias.

DECLARO fortaleza en el tiempo de aflicción.

DECLARO que el poder de Dios se manifiesta para que Él se
glorifique.

DECLARO que no temeré.

Herramientas:

El propósito de la aflicción es para:

+ Enseñarte paciencia.

+ Fortalecerte pues ella te acerca más a Dios.

+ Aumentar tu capacidad de resistencia.

La aflicción enseña que:

+ Hay que orar para ser liberado de ella.

+ No te debes enfocar en el problema, sino en la solución.

+ No debes dejar que el temor tome control de ti.

En la aflicción debes:

+ Alabar a Dios con cánticos de agradecimiento.

+ Controlar tus pensamientos de dudas.

+ Evitar que los demás te manipulen por las circunstancias.

RECUERDA:

Ninguna aflicción puede mantenerte bajo presión si sabes usar tus armas espirituales.

CREO, CONFÍO Y PROCLAMO LO SIGUIENTE:

_____

_____

_____

_____

_____

_____

_____

_____

_____

_____

_____

_____

_____

_____

_____

_____

_____

_____

_____

_____

Declaración #19
EDIFICANDO MI CASA

"La mujer sabia edifica su casa; mas la necia con sus manos la derriba" –Proverbios 14:1

LA MUJER SABIA construye a base de principios divinos como: el amor, la paz, la unidad y muchos otros que son los fundamentos que dejó nuestro Dios para edificar vidas con propósitos. Por el contrario, la necia derriba con sus manos, es decir, con su propia opinión termina destruyendo el propósito de Dios en su vida.

Declaración de hoy
DECLARO edificar mi casa con sabiduría.

DECLARO ser una mujer sabia.

DECLARO interrumpir toda opinión propia que destruya mi casa.

DECLARO que los valores divinos serán los fundamentos de mi casa.

Herramientas:
Para edificar tu casa debes:

+ Fundarla sobre los principios bíblicos.
+ Lleva en oración cualquier decisión.
+ Toma en cuenta a los demás miembros de tu familia, ellos también son parte del fundamento.

Promueve la paz de Dios en tu hogar:

+ Al permitir que los frutos del espíritu reinen en la atmósfera de tu hogar.
+ Al respetar la opinión de todos los miembros de la familia.
+ Al contagiar la alegría de ser servidores de Cristo.

Los tres elementos que edifican una casa son:

+ El amor de Dios
+ El respeto hacia el prójimo
+ Los límites

RECUERDA:

Cada material cuenta para la edificación de tu casa. Asegúrate de cuidar la calidad.

CREO, CONFÍO Y PROCLAMO LO SIGUIENTE:

_____

_____

_____

_____

_____

_____

_____

_____

_____

_____

_____

_____

_____

_____

_____

_____

_____

_____

_____

_____

_____

Declaración #20
UNA SUAVE RESPUESTA

*"La blanda respuesta quita la ira; mas la palabra áspera
hace subir el furor". —Proverbios 15:1*

ADA SER HUMANO piensa diferente y argumenta mucho, pero lo que hace la diferencia en una discusión es el tipo de respuesta que damos. Cuando sabemos controlar nuestras palabras, sabremos controlar el argumento. Pero cuando le damos rienda suelta a lo que decimos, el argumento termina controlándonos a nosotros y de esa manera encendemos un inmenso bosque con un gran fuego muy difícil de apagar.

Declaración de hoy

DECLARO suavizar mis palabras cuando argumente.

DECLARO no dejarme controlar por la ira.

DECLARO no provocar disputas con mis palabras.

DECLARO sabiduría en mis respuestas en cualquier situación.

Herramientas

La suave respuesta amerita:

+ Que controles tus impulsos.

+ Que seas asertiva con tus palabras.

+ Que no te dejes llevar por lo que sientas en el momento.

Para no destruir con tus palabras debes:

+ Evita usar palabras ofensivas a la hora de discutir.

+ Recuerda que las palabras, no se las lleva el viento.

+ Es mejor respirar y pensar antes de hablar, que destruir y lamentar.

Si no puedes controlar tus palabras debes:

+ Salir a dar una vuelta para pensar en todo.

+ Mantener un enfoque hacia la solución del problema.

- Salir a un lugar público a hablar para que guardes la compostura.

RECUERDA:

No es lo que dices, es cómo lo dices.

CREO, CONFÍO Y PROCLAMO LO SIGUIENTE:

_____

_____

_____

_____

_____

_____

_____

_____

_____

_____

_____

_____

_____

_____

_____

_____

DIOS ESTÁ EN CONTROL DE MIS PLANES

*"Del hombre son las disposiciones del corazón; mas de Jehová
es la respuesta de la lengua". –Proverbios 16:1*

SIEMPRE OBTENEMOS MUCHOS resultados a la hora de ejecutar nuestros planes, pero Dios tiene la última palabra; porque él sabe lo que te conviene y lo que te destruirá. ¡No te desanimes cuando tus resultados sean diferentes a los que pensabas obtener! Pon todo en las manos de Dios y deja que Él te muestre lo que debes de hacer.

Declaración de hoy

DECLARO poner mis planes en las manos de Dios.
DECLARO alabar el nombre de mi Dios en todo tiempo.
DECLARO que Dios tiene la última palabra en cada proceso.
DECLARO aceptar la voluntad de Dios en mis planes.

Herramientas

Para que Dios tome control de tus planes debes:

- Orar por cada uno de tus proyectos.
- Recuerda utilizar la frase: "Señor, hágase tu voluntad, y no la mía".
- Asegúrate que todo sea por la vía legal, con Dios no hay negocios ilegales.

Para que Dios apoye tus proyectos debes:

- Tener fe de que tus estrategias funcionarán.
- Tomar acción de lo que piensas hacer.
- Planificar una estrategia con metas reales.

Para aceptar la voluntad de Dios en tus planes debes:

- Reconocer que Dios sabe lo que te conviene, no quejarte si tus resultados son diferentes a los que esperabas obtener.

- Sacar el mejor provecho de las plataformas que Dios te permite pisar.
- Mantenerte conectada espiritualmente para discernir lo inconveniente de lo conveniente, y lo erróneo de lo bueno.

RECUERDA:

Dejar tus planes en las manos de Dios, es dejarlo en las mejores manos.

CREO, CONFÍO Y PROCLAMO LO SIGUIENTE:

_____

_____

_____

_____

_____

_____

_____

_____

_____

_____

_____

_____

_____

_____

_____

Declaración #22
DIGO NO AL EGOÍSMO

"El egoísta busca su propio bien; contra todo sano juicio se rebela". —Proverbios 18:1 (NVI)

L AS PERSONAS EGOÍSTAS carecen de valores morales. Las normas de conducta son la autopista que tomamos diariamente para dirigirnos a los diferentes destinos de nuestra vida; es obvio que el egoísta por su excesivo amor propio no la puede cruzar y mucho menos llegar bajo la voluntad de Dios con éxito a su destino.

Declaración de hoy
DECLARO sacar el egoísmo de mi vida.
DECLARO compartir mis bendiciones.
DECLARO desnutrir mi ego.
DECLARO que la voluntad del Padre maneja mi vida.

Herramientas
¿Cómo reconocer si eres una persona egoísta?

+ Cuando no te importa la necesidad ajena.

+ Cuando sientes una necesidad incontrolable de siempre querer ganar.

+ Cuando tus prioridades son solo tus comodidades.

Para combatir el egoísmo debes:

+ Reconocer cuando eres egoísta. Tus actitudes no mienten.

+ Preocuparte por las necesidades de tu prójimo. No todo recurso para ayudar a otro amerita solo dinero.

+ Compartir tus bendiciones es una buena manera para dejar morir el egoísmo.

Para reconocer la presencia de personas egoístas en tu círculo debes saber que:

+ Las personas envidiosas son tóxicas, aléjate de ellas.

+ Cuando sienten celos o incomodidad en tu éxito.

+ Cuando alguien te critica todo lo que haces, todo el tiempo.

RECUERDA:

El egoísmo no es amor propio, sino el exceso de amor con el que alimentas tu propio ego.

CREO, CONFÍO Y PROCLAMO LO SIGUIENTE:

_____

_____

_____

_____

_____

_____

_____

_____

_____

_____

_____

_____

_____

_____

_____

_____

_____

Declaración #23
NO ME QUEJARÉ

"Mejor es morar en tierra desierta que con la mujer rencillosa e iracunda". –Proverbios 21:19

EL PODER DE las palabras de una mujer influye en gran manera en la vida de un individuo. El proverbista declara que es mejor la tranquilidad de vivir bajo la inclemencia de un áspero desierto, que soportar las duras palabras de una mujer que constantemente vive quejándose resentidamente.

Declaración de hoy

DECLARO que no me quejaré bajo ninguna circunstancia.

DECLARO que no viviré en rencor por un resentimiento.

DECLARO que no dejaré que mis palabras manden a un individuo a desear el desierto.

DECLARO que tengo el control de mis palabras.

Herramientas:

Cada vez que tengas una queja, piensa en esto:

+ ¿Valdrá la pena gastar mi energía y mi tiempo quejándome?

+ ¿Conseguiré una solución efectiva?

+ ¿Alimenta mi espíritu y motivará a mi familia?

Para impactar la atmósfera de tu hogar, debes:

+ Despojarte de todo resentimiento en tu vida.

+ Tener control de tus palabras, de ellas dependerá que la gente quiera estar a tu alrededor.

+ Tomar control de tus emociones.

Toda queja produce:

+ Fricción

+ Conflicto

+ Pérdida de tiempo.

Reemplaza la queja por el agradecimiento.

RECUERDA

Si no alimentas la queja, ella misma se morirá de hambre.

CREO, CONFÍO Y PROCLAMO LO SIGUIENTE:

_____

_____

_____

_____

_____

_____

_____

_____

_____

_____

_____

_____

_____

_____

_____

_____

_____

_____

Declaración #24
TENGO TIEMPO PARA TODO

*"Todo tiene su tiempo, y todo lo que se quiere debajo
del cielo tiene su hora". –Eclesiastés 3:1*

TODO EN LA vida tiene su momento y su razón de ser. Vivimos en una sociedad que nos exige estar al tanto de todo y ese fenómeno nos ha desviado de poder disfrutar cada evento que sucede en nuestra vida, haciéndonos perder momentos que nunca regresarán. Recuerda, todo pasa, disfruta tu tiempo al máximo.

Declaración de hoy
DECLARO establecer prioridades para disfrutar mi tiempo.
DECLARO que hay tiempo para todo en mi vida.
DECLARO que mi hora para hacer cosas que nunca hice, ha llegado.
DECLARO orden en mi tiempo para disfrutar de mi familia.

Herramientas
Para ser un buen administrador de tu tiempo debes:

+ Separar tiempo para crecer espiritual e intelectualmente.
+ Planificar tiempo para tu familia.
+ Toma vacaciones y descansa, si tú misma no te cuidas, nadie más lo hará por ti.

Para invertir bien tu tiempo, recuerda priorizar:

+ Dios
+ Tu familia
+ Lo que te dé alegría. (Deporte, hobby, comunidad, etc.).

Disfruta cada momento que puedas, pues el tiempo perdido no regresa.

+ Ama, ríe y descansa.
+ Traza metas financieras para tu retiro, tu retiro no es tu final; es tu comodidad.

- El perdón otorga paz y liberación de toda amargura. ¡Perdona!

RECUERDA

Tú eres el administrador del tiempo perdido o ganado en la vida.

CREO, CONFÍO Y PROCLAMO LO SIGUIENTE:

_____

_____

_____

_____

_____

_____

_____

_____

_____

_____

_____

_____

_____

_____

_____

_____

_____

_____

_____

_____

_____

RAZONES PARA ALABAR A DIOS

"Justo es Jehová en todos sus caminos, y misericordioso en todas sus obras. Cercano está Jehová a todos los que le invocan, a todos los que le invocan de veras. Cumplirá el deseo de los que le temen; oirá asimismo el clamor de ellos, y los salvará". —Salmo 145:17-19

EL SALMO 145 da las tres razones principales para alabar a Dios constantemente:

Razón #1 - Debemos alabarlo por lo que Él es.
Razón #2 - Debemos alabarlo por lo que Él ha hecho.
Razón #3 - Debemos alabarlo por lo que Él ha prometido.

Estas tres razones encierran la magnitud de la grandeza de Dios, pues:

Él es Todopoderoso.
Él que hizo los cielos y la tierra.
Él que prometió nuestra salvación.

No cabe duda que son las tres razones más poderosas para mantener una alabanza en nuestra boca.

Declaración de hoy
DECLARO alabar a Dios por lo que Él es.
DECLARO alabar a Dios por lo que Él ha hecho.
DECLARO alabar a Dios por lo que Él ha prometido.
DECLARO una continua alabanza para Dios en mi boca.

Herramientas
Para alabar a Dios por lo que Él es, considera:

+ Su amor y su misericordia.

+ Su sacrificio en la cruz.

+ Su grandioso poder manifestado en nuestra vida y en las vidas de los demás.

Para alabar a Dios por lo que Él ha hecho, considera:

- Su creación, pues todo es perfecto.
- Sus milagros en tu vida.
- Tu familia y lo que te ha permitido vivir.

Para alabar a Dios por lo que Él ha prometido, considera:

- Su protección en tu vida.
- Su provisión en tu casa.
- Su palabra, que guía tu vida.

RECUERDA

Cuando hay razones suficientes para alabar, no hacerlo se convertirá en una excusa no justificada.

CREO, CONFÍO Y PROCLAMO LO SIGUIENTE:

_____

_____

_____

_____

_____

_____

_____

_____

_____

_____

_____

DECLARACIONES DE VIDA PARA LA MUJER

DEBO CUMPLIR MIS PROMESAS

"Cuando a Dios haces promesa, no tardes en cumplirla; porque él no se complace en los insensatos. Cumple lo que prometes". —Eclesiastés 5:4

Este verso nos explica que debemos ser personas de palabra. Vivimos en un mundo donde la confianza es la base para construir relaciones sólidas personales, profesionales y espirituales. Así que el precio que pagas para obtener confianza es usualmente cumplir lo que prometes. Es hora de ganarnos la confianza de Dios, cumpliendo lo que le prometemos.

Declaración de hoy

DECLARO cumplirle a Dios lo que le he prometido.

DECLARO tener palabra.

DECLARO establecer credibilidad en mis palabras, cumpliendo aquello que prometa.

DECLARO decirle no a la necedad de prometer y no cumplir.

Herramientas:

Para cumplir tus promesas debes:

+ No prometer más de lo que no puedas cumplir.

+ Es mejor decir: "No puedo", que prometer y "no cumplir".

+ Cumple tu palabra y tus promesas.

Para agradar a Dios necesitas:

+ Ser sincero.

+ Cumplir lo que le prometas.

+ No posponer tus promesas.

Para ser una mujer de palabra debes:

+ Adquirir compromiso.

+ Actuar con sinceridad.

- Dejar la pereza.

El individuo que no cumple lo que promete, se vuelve un individuo fraudulento.

CREO, CONFÍO Y PROCLAMO LO SIGUIENTE:

_____

_____

_____

_____

_____

_____

_____

_____

_____

_____

_____

_____

_____

_____

_____

_____

_____

_____

_____

APRENDIENDO A HACER EL BIEN

"Aprended a hacer el bien; buscad el juicio, restituid al agraviado, haced justicia al huérfano, amparad a la viuda". – Isaías 1:17

DIOS NOS MOTIVA a tener gestos buenos y justos con los menos afortunados. Nos da tres ejemplos de estatus que muchos individuos poseen. La pobreza como recordatorio de que si hemos sido bendecidos, podemos compartir una pequeña porción con el que no tiene nada. El huérfano que queda desamparado y necesita nuestro afecto y por último la viuda que queda sola en su vejez y sin esperanza. Recordemos que en la vida nadie está exento de llegar a estos estatus.

Declaración de hoy
DECLARO hacer el bien a mi prójimo.
DECLARO ser justa.
DECLARO ayudar al pobre, al huérfano y a la viuda.
DECLARO bendiciones sobre los menos afortunados.

Herramientas
Cuando te interesas en hacer bien a los demás es necesario que:

+ Hagas una lista de personas que probablemente conozcas que necesitan tu ayuda.

+ No se trata de repartir dinero, se trata de repartir esperanza.

+ No pases inadvertidamente ante la necesidad de los huérfanos y las viudas.

Principios que necesitas saber para hacer el bien:

+ Sé discreta: Una ayuda nunca debe ser publicada ante los demás.

+ Sé paciente: Hay personas que no cuentan con las habilidades que tú tienes y siempre piden ayuda.

- Sé justa: No ayudes solo a los que piensas que son merecedores de tu ayuda.

Hacer el bien te dará:

- Satisfacción.
- Inspiración para influenciar a los demás.
- Crecimiento personal y espiritual como individuo.

RECUERDA

Hacer el bien no es un trofeo que se gana en público, sino una recompensa que gana tu corazón en privado.

CREO, CONFÍO Y PROCLAMO LO SIGUIENTE:

_____

_____

_____

_____

_____

_____

_____

_____

_____

_____

_____

_____

_____

Declaración #28
SOY LIBRE DE LA ENFERMEDAD

"Mas él herido fue por nuestras rebeliones, molido por nuestros pecados; el castigo de nuestra paz fue sobre él, y por su llaga fuimos nosotros curados". –Isaías 53:5

DIOS LLEVÓ TODO el quebrantamiento emocional y físico de la humanidad sobre su espalda para darnos liberación de ellas. Recuerda que Dios anuló todo cargo que había en tu contra.

Declaración de hoy

DECLARO liberación emocional y física en mi vida y en la de los míos.

DECLARO sanidad interior y exterior.

DECLARO la cancelación de todo cargo en mi contra.

DECLARO la restauración de todo lo que pensaba que había perdido.

Herramientas:

Para orar con autoridad sobre la enfermedad debes:

+ Reconocer con fe que no hay lugar para ningún tipo de enfermedad en tu vida.

+ Declarar la sangre de Jesús como la protección divina en ti.

+ Creer con firmeza que lo declarado aquí en la tierra ya tuvo una intervención divina en los cielos.

Cuando la duda quiera invadir tus pensamientos, debes:

+ Leer esta porción de la Palabra para activar tu fe.

+ Mantenerte firme en fe ante cualquier pronóstico terrenal. Recuerda siempre que el pronóstico de la cruz es el opuesto.

+ Sacarla con oración y cánticos de fe.

Hay dos tipos de enfermedades, la emocional y la física. Por eso debes:

- Pelear la enfermedad física con oración y los cuidados terrenales que un profesional te indique.
- Pelear la enfermedad emocional con oración y la ayuda de un profesional que te ayude a estabilizar tus emociones.
- Confrontar lo físico y lo emocional amerita oración, con diferentes estrategias profesionales.

RECUERDA:

La sanidad es como un vaso de agua cuando tienes sed, tomarla es el paso de fe que se requiere para saciarla.

CREO, CONFÍO Y PROCLAMO LO SIGUIENTE:

_____

_____

_____

_____

_____

_____

_____

_____

_____

_____

_____

_____

_____

Declaración #29
ME LEVANTO PARA RESPLANDECER

"Levántate, resplandece; porque ha venido tu luz, y la gloria de Jehová ha nacido sobre ti". —Isaías 60:1

ESTE VERSO PROFÉTICO explica nuestro surgimiento y restauración como ciudadanos prósperos. El tiempo de la oscuridad pasará y ha llegado el momento para que la luz de nuestro Padre despliegue todo su esplendor por medio de sus promesas en nuestra vida.

Declaración de hoy
DECLARO que me levantaré para brillar.
DECLARO que la luz de Dios resplandecerá en mis obras.
DECLARO que la gloria de Dios ha nacido en mi vida.
DECLARO surgimiento y restauración en mi casa.

Herramientas
Declarar esta profecía en tu vida te dará:

+ Esperanza en el momento incierto.
+ Fortaleza en el tiempo difícil.
+ Seguridad en las circunstancias que te hacen dudar.

Declara luz en tus planes:

+ Actuando con seguridad bajo la guía del Espíritu Santo.
+ Pidiendo paz en cada negociación que hagas, bien sea familiar o empresarial.
+ Declara que Dios tiene propósitos grandes para tu vida.

Brillar con la luz de Dios significa:

+ Hacer las cosas con pasión.
+ Dar lo mejor de ti.
+ Ponerle extra a todo lo que hagas y emprendas.

RECUERDA:

Toda promesa terrenal te ofrece una esperanza incierta, pero toda promesa divina irradia una luz especial con esperanza eterna.

CREO, CONFÍO Y PROCLAMO LO SIGUIENTE:

_____

_____

_____

_____

_____

_____

_____

_____

_____

_____

_____

_____

_____

_____

_____

_____

_____

_____

_____

_____

_____

DECLARACIONES DE VIDA PARA LA MUJER

Declaración #30
SACANDO LO MEJOR
DE LO PEOR

"Por tanto, así dijo Jehová: Si te convirtieres, yo te restauraré, y delante de mí estarás; y si entresacares lo precioso de lo vil, serás como mi boca". —Jeremías 15:19

CLARAMENTE DIOS ESTÁ interesado en una conversión genuina, sin resentimientos del pasado, dando una profunda recomendación de comenzar a ver lo bello de lo que llamamos feo, lo precioso de lo vil. Es decir, ver las rosas en las espinas y no ver las espinas en las rosas.

Declaración de hoy:

DECLARO convertirme genuinamente.

DECLARO sacar lo precioso que hay en mí, de lo peor que hay en mí.

DECLARO que veré lo mejor de lo peor.

DECLARO ver con los ojos de Dios.

Herramientas:

Tomar control de tus emociones implica:

+ Controlar tus emociones en tus malas circunstancias porque ellas te ciegan y nunca te permiten ver lo bueno que hay detrás de todo.

+ Conocer tus partes débiles, aquellas que te irritan.

+ Ten presente que tus debilidades están para recordarte que debes mejorar, más no para definir quién eres.

Para sacar lo mejor de ti debes:

+ Amarte a ti misma y comenzar a ver tus esfuerzos con más entusiasmo.

+ Celebrar tus pequeños triunfos como si fueran los más grandes.

- Salir del área cómoda donde te has encontrado por mucho tiempo. La incomodidad te hace buscar otras soluciones. ¡Eso es crecer!

Para cambiar tu mente negativa debes:

- Alimentarla con lo opuesto.
- Renovarla con la Palabra de Dios.
- Confrontarla con la esperanza, no con la realidad.

RECUERDA:

En lo peor de cada ser humano, siempre sale algo bueno.

CREO, CONFÍO Y PROCLAMO LO SIGUIENTE:

_____

_____

_____

_____

_____

_____

_____

_____

_____

_____

_____

_____

_____

LOS TRES ELEMENTOS PARA AVANZAR

"Bendito el varón que confía en Jehová, y cuya confianza es Jehová". —Jeremías 17:7

PARA ALCANZAR LAS bienaventuranzas un individuo debe tener confianza, esperanza y fe en Dios. Estos son tres elementos esenciales para que el ser humano avance y prospere en la carrera de la vida. El que confía, descansa sobre alguien más grande. El que tiene esperanza, crea expectativa. Y el que tiene fe, tiene el convencimiento absoluto de llamar lo que no es, como si fuese, y así recibirlo por fe, haciéndolo que sea una realidad.

Declaración de hoy
DECLARO confiar en Dios.
DECLARO poner mi esperanza en el altísimo.
DECLARO que mi fe aumenta.
DECLARO ser bienaventurada.

Herramientas:
Para activar la confianza debes saber que:

+ Los problemas nos deterioran, ora y descansa.
+ Recordar confiar que Dios obrará. Eso es fe.
+ No puedes perder la expectativa de que algo bueno te sucederá.

Convencerte de que Dios hará es:

+ Llamar lo que no es como si fuese.
+ Tomar acción confiando que Dios hará su parte.
+ Confeccionar un plan con diferentes opciones.

Para emplear los tres elementos de avance debes:

+ Confiar, la preocupación nubla la creatividad.
+ Crear expectativa de lo que Dios hará. No dejes morir la esperanza.

+ Ver por fe. Ten una visión clara de lo que quieres alcanzar.

RECUERDA:

Creer es ver las mil maneras en que puedas conseguirlo.

CREO, CONFÍO Y PROCLAMO LO SIGUIENTE:

_____

_____

_____

_____

_____

_____

_____

_____

_____

_____

_____

_____

_____

_____

_____

_____

_____

_____

Declaración #32
CUIDANDO MI CORAZÓN

"Engañoso es el corazón más que todas las cosas, y perverso; ¿quién lo conocerá? Yo Jehová, que escudriño la mente, que pruebo el corazón, para dar a cada uno según su camino, según el fruto de sus obras". —Jeremías 17:9-10

EL CORAZÓN DE un individuo nos puede engañar en cualquier momento, pues está compuesto por su intelecto, su voluntad, su conciencia y sus emociones. Ninguna de estas es confiable. Pero recuerda, lo que más alimentes en ti, es lo que más crecerá, y lo que más crezca es lo que más te controlará. Procura trabajar en esas áreas y deja que Dios tome el control de ellas.

Declaración de hoy
DECLARO que cuidaré mi corazón.
DECLARO cuidar mis emociones, mi voluntad y mi conciencia.
DECLARO bienestar para mi corazón.
DECLARO supervisar lo que dejó entrar a mi corazón.

Herramientas
Para cuidar de tu corazón debes saber:

+ Examinar qué cosas te dañan como persona.
+ Recordar que lo que más alimentes en ti, es lo que más crecerá en ti.
+ Cuidar la información que introduces en ti diariamente.

Tu corazón espiritual no es el órgano que trabaja en tu cuerpo, así que debes cuidar de:

+ Tu intelecto: Cómo procesas la información que introduces en tu mente.
+ Tu voluntad: Cómo actúas con la información que está en tu mente.
+ Tu conciencia: Lo que hace tu mente con las acciones de tus actos.

- Tus emociones: Los estados que controlan todo tu cuerpo y tu mente.

Como Dios conoce tu corazón, entonces recibirás de acuerdo a tu posición:

- Si amas el dinero desbalanceadamente, Dios no podrá darte abundancia excesiva sino restringida.
- Dios conoce lo que te daña y lo que te favorece, solo recibirás lo que sea favorable para ti.

RECUERDA:

El peso de tu corazón lo conoces tú y Dios; pues lo que más alimentes es lo que más engordará en ti.

CREO, CONFÍO Y PROCLAMO LO SIGUIENTE:

_____

_____

_____

_____

_____

_____

_____

_____

_____

_____

_____

_____

MIS HUESOS REVIVIRÁN

"Me dijo entonces: Profetiza sobre estos huesos, y diles: Huesos secos, oíd palabra de Jehová. Así ha dicho Jehová el Señor a estos huesos: He aquí, yo hago entrar espíritu en vosotros, y viviréis. Y pondré tendones sobre vosotros, y haré subir sobre vosotros carne, y os cubriré de piel, y pondré en vosotros espíritu, y viviréis; y sabréis que yo soy Jehová". –Ezequiel 37:4-6

EN ESTA PROFECÍA bastante curiosa, encontramos un valle lleno de huesos secos, tipificando la muerte en su peor estado de descomposición. Es fascinante saber que Dios con seguridad promete dar vida a esos huesos. Dejándonos en claro que él es el dueño de la vida y que no hay nada imposible para él. ¡Confía!

Declaración de hoy
DECLARO que mis huesos secos revivirán.
DECLARO que no hay nada imposible que Dios no pueda hacer en mi vida.
DECLARO revivir y respirar de nuevo.
DECLARO que mis soluciones revivirán.

Herramientas:
Para una resurrección espiritual debes:

+ Reconocer los problemas que te están quitando las ganas de vivir.
+ Buscar la solución para respirar aires nuevos.
+ Haz un nuevo plan, todo tiene un nuevo comienzo.

La jornada de la vida es como un valle, aprende a reconocer:

+ Los malos momentos.
+ Las personas toxicas.
+ Tus propias batallas.

Cuando decides revivir comienzas a:

+ Buscar personas claves para avanzar.

- Conocimiento para emprender cosas nuevas.
- Ayuda profesional para estabilizar tus emociones.

RECUERDA:

Si Dios puede revivir huesos secos, también puede revivir esperanzas.

CREO, CONFÍO Y PROCLAMO LO SIGUIENTE:

_____

_____

_____

_____

_____

_____

_____

_____

_____

_____

_____

_____

_____

_____

_____

_____

_____

_____

_____

_____

Declaración #34
CUIDADO CON LOS LEONES

"Entonces Daniel respondió al rey: Oh rey, vive para siempre. Mi Dios
envió su ángel, el cual cerró la boca de los leones, para que no me
hiciesen daño, porque ante él fui hallado inocente; y aun delante
de ti, oh rey, yo no he hecho nada malo". —Daniel 6:21-22

ESTA FUE LA respuesta de Daniel desde el famoso foso de
hambrientos leones. Es probable que en la vida te hayas rodeado
de gente que se comporta como hambrientos leones para hacerte
daño. Pero es preciso que sepas quién eres y a quién sirves, porque
Dios ama y honra a los que en él confían. ¡De seguro te librará de
ellos!

Declaración de hoy

DECLARO victoria en mi vida.
DECLARO que Dios librará mi vida de cualquier león.
DECLARO que nada me tocará para hacerme daño.
DECLARO libertad en todas las áreas de mi vida.

Herramientas:

Para mantener una actitud calmada y controlada debes:

+ Evitar defenderte con tus propias habilidades, recuerda
  Dios pelea por ti.

+ Evitar conflictos que arruinen tu testimonio.

+ Evitar confrontaciones acaloradas.

Para pelear tus batallas debes:

+ Reconocer a tu enemigo para usar las estrategias correctas.

+ Saber que los leones son necesarios para enseñarnos el
  peligro, más no la muerte.

+ Dejar de pelear con tus fuerzas y usar la oración como la
  mejor arma.

En cada victoria debes:

+ Ser agradecido con Dios.
+ Asegurarte que no dañaste a nadie.
+ Cantar cánticos de alabanzas por lo que Dios es, por lo que ha hecho y por lo que prometió.

RECUERDA:

Para todo individuo hay un león asignado, y para cada león hay una jaula.

CREO, CONFÍO Y PROCLAMO LO SIGUIENTE:

_____

_____

_____

_____

_____

_____

_____

_____

_____

_____

_____

_____

_____

Declaración #35
SUS PLANES SON MEJORES QUE LOS MÍOS

"Y tomaron a Jonás, y lo echaron al mar; y el mar se aquietó de su furor". —Jonás 1:15

LOS MARINEROS, BAJO la orden de Jonás, ante la furia de una tormenta, debieron echarlo a la mar. Todos probablemente hemos oído de este personaje, un hombre a quien Dios le dio una orden y decidió desobedecer tratando de cambiar el rumbo de su vida. ¿Cuántas veces Dios te ha ordenado hacer algo para tu bienestar y terminas cambiando los planes de Dios por tus propios planes? Jonás sabía que en esa tormenta estaba la furia divina por su desobediencia. ¡Es bueno reconocer cuando Dios está molesto!

Declaración de hoy
DECLARO que obedeceré a Dios.

DECLARO que no desviaré el rumbo que Dios tiene para mí.

DECLARO que no haré planes sin el consentimiento de Dios.

DECLARO reconocer cuando Dios está enojado con mis acciones.

Herramientas:
Para hacer la voluntad de Dios debes:

+ Involucrar a Dios en tus planes.

+ Pedir su voluntad diariamente en oración.

+ Ora, ayuna y busca la dirección de Dios antes de comenzar un proyecto.

Presta atención a estas señales:

+ Cuando todas las puertas se cierran.

+ Cuando Dios te envía un mensaje por sueño, por medio del predicador, etc.

+ Si los vientos se ponen contrarios, "DETENTE" de hacer lo que estás haciendo, puede que Dios no esté contento con tus planes.

Si quieres ver la mano de Dios en tus proyectos debes:

- Ser constante.
- Orar como nunca has orado.
- Hacer conexiones con personas claves para tus proyectos.

RECUERDA:

Cuando Dios está envuelto en tus planes, comienza contigo y termina contigo.

CREO, CONFÍO Y PROCLAMO LO SIGUIENTE:

_____

_____

_____

_____

_____

_____

_____

_____

_____

_____

_____

_____

_____

_____

_____

_____

Declaración #36
NO CAMBIARÉ LA RUTA

"Mas yo con voz de alabanza te ofreceré sacrificios; pagaré lo que prometí. La salvación es de Jehová. Y mandó Jehová al pez, y vomitó a Jonás en tierra". —Jonás 2:9-10

ESTA ES LA oración arrepentida de Jonás ante Dios desde el lugar de su problema: "el vientre del pez", por haber cambiado el rumbo de sus planes. Muchas veces tocar fondo nos permite reconocer el poderío de Dios, pedir perdón y clamar misericordia para hallar pronto auxilio, y de esa manera poder volver a subir.

Declaración de hoy
DECLARO que no cambiaré la dirección del rumbo que Dios me otorgó.

DECLARO obedecer a Dios para cumplir su propósito en mi vida.

DECLARO arrepentirme de mis malas decisiones.

DECLARO misericordia para mi vida si llego a tocar fondo.

Herramientas:
Puedes cambiar de estrategia, pero no de rumbo.

+ Sé consciente de tu propósito aquí en la tierra.

+ Puedes utilizar diferentes estrategias, pero mantente en el plan.

+ Cuando sabes a dónde vas, te mantienes firme hasta llegar al destino. Pero primero es necesario que sepas a dónde vas.

Para mantenerse alerta a la voz de Dios debes:

+ Poner todo en oración

+ Leer su Palabra, para conocer sus estrategias.

+ Ser sensible a los cambios que Dios quiere que implementes para mejorar.

¿Qué hacer cuando tocas fondo?:

+ Clama arrepentida si te encuentras en el fondo del problema, Dios es tu solución.
+ Reconoce que te equivocaste.
+ Enmienda lo que arruinaste.

RECUERDA:

Tocar fondo no es el final de tu vida. Tocar fondo significa que echarás manotazos de todos los recursos para salir a flote.

CREO, CONFÍO Y PROCLAMO LO SIGUIENTE:

_____

_____

_____

_____

_____

_____

_____

_____

_____

_____

_____

_____

_____

_____

_____

_____

Declaración #37
SOY SAL

"Vosotros sois la sal de la tierra; pero si la sal se desvaneciere, ¿con qué será salada? No sirve más para nada, sino para ser echada fuera y hollada por los hombres". —Mateo 5:13

TENEMOS LA GRAN responsabilidad de llevar la Palabra al mundo por el conocimiento que poseemos. Su efectividad depende de qué tan comprometido estés con el mensaje de Dios. Si los demás no pueden ver el compromiso que hay en ti, terminarán pisoteando el mensaje del reino de Dios que es la sal que este mundo necesita.

Declaración de hoy

DECLARO ser sal en este mundo.

DECLARO mi compromiso de llevar el Evangelio de Dios en alto.

DECLARO que este mundo necesita la sal del Evangelio.

DECLARO que no permitiré que pisoteen la sal que Dios ha puesto en mí.

Herramientas:

Si quieres revelar tu verdadera identidad a los demás debes:

+ Cuidar tu testimonio.

+ Controlar tus emociones y acciones en público con los de afuera y en privado con los cercanos.

+ Comprométete a ser sal en este mundo inspirando, no exigiendo.

Para ser de inspiración procura:

+ Imitar las obras de Cristo.

+ No pasar por alto la necesidad de los menos afortunados.

+ No ser solo un consumidor, sino ser un proveedor.

73

No mezcles la sal con otro ingrediente que no sea conveniente.

+ No mientas.
+ No cometas fraude.
+ No crees conflicto.

RECUERDA:

La sal fue creada para ser usada, no para ser contemplada.

CREO, CONFÍO Y PROCLAMO LO SIGUIENTE:

_____

_____

_____

_____

_____

_____

_____

_____

_____

_____

_____

_____

_____

_____

Declaración #38
SOY LUZ

*"Vosotros sois la luz del mundo; una ciudad asentada sobre
un monte no se puede esconder". —Mateo 5:14*

ESTE VERSO ES un indicador de tu valor. Ningún tipo de luz puede esconderse, pues esta no puede pasar por desapercibida. Dios quiere recordarte no solo tu belleza sino el tipo de poder que posees con tus obras cuando las ejecutas a través de Él.

Declaración de hoy
DECLARO ser luz

DECLARO que las obras de mi Padre a través de mí no pasarán desapercibidas.

DECLARO no esconder mi luz.

DECLARO que Dios manifiesta su obra a través de mi luz.

Herramientas:
No olvides brillar con la luz de Jesús a través de tus acciones.

+ No dejes que tus emociones controlen o manipulen las circunstancias.
+ Toma responsabilidad por lo que dices y por lo que haces.
+ Respeta la opinión ajena, el pensar diferente a ti no los condena.

Recuerda cuidar tus palabras, ¡eres luz!

+ El mal hablado usualmente es la vergüenza del grupo.
+ El que habla demás queda como el imprudente del grupo.
+ Si no tienes nada bueno que decir, mejor no lo digas nada.

Toma acción, todos están mirando tu luz.

+ Tomar acción en la necesidad de otro es la oportunidad perfecta para revelar la luz de Jesús en nosotros.
+ Comprométete en ayudar a los demás, ¡la satisfacción es inexplicable!

◆ Toda buena obra en privado siempre sale a la luz pública. ¡Hazlo de corazón!

RECUERDA:

Muchos podrán apagar tu luz propia, pero nadie podrá apagar la luz de Dios en ti.

CREO, CONFÍO Y PROCLAMO LO SIGUIENTE:

_____

_____

_____

_____

_____

_____

_____

_____

_____

_____

_____

_____

_____

_____

_____

_____

Declaración #39
AMANDO A MI PRÓJIMO

"Oísteis que fue dicho: Amarás a tu prójimo, y aborrecerás a tu enemigo. Pero yo os digo: Amad a vuestros enemigos, bendecid a los que os maldicen, haced bien a los que os aborrecen, y orad por los que os ultrajan y os persiguen; para que seáis hijos de vuestro Padre que está en los cielos, que hace salir su sol sobre malos y buenos, y que hace llover sobre justos e injustos. Porque si amáis a los que os aman, ¿qué recompensa tendréis? ¿No hacen también lo mismo los publicanos? Y si saludáis a vuestros hermanos solamente, ¿qué hacéis de más? ¿No hacen también así los gentiles?". –Mateo 5:43-47

Es sencillo amar a la gente con la que te llevas bien, pero ¿qué hay del que no concuerda con tus ideas, del que no es de tu agrado o del que argumenta contigo? Esa es realmente la persona por la que Dios te manda a orar y a amar. Porque todo consiste en soportarnos y amarnos los unos a los otros con nuestras virtudes y nuestros errores.

Declaración de hoy
DECLARO amar a mi prójimo.
DECLARO orar por los que me desean mal.
DECLARO soportar al que no es de mi agrado.
DECLARO cumplir este gran mandamiento: "Amar a mi prójimo como a mí mismo".

Herramientas:
Para vencer el mal con el bien debes:

+ Generar gestos bondadosos con esa persona que no te agrada mucho.

+ Pedir perdón aun cuando sea duro dar el primer paso.

+ Pasar por alto la ofensa, recuerda que tú también en algún momento de tu vida has ofendido a alguien.

Recuerda que todos somos hijos de Dios y merecemos oportunidades.

+ Tolera y respeta la opinión ajena.

- Aprende a ver las virtudes dentro de los errores.
- Ora por esa persona y pídele a Dios su bendición.

Emplea las tres llaves de proverbios:

- Usa la sabiduría, porque ella proviene de Dios.
- Usa la inteligencia, porque ella es la que procesa toda la información.
- Usa la prudencia porque ella te evitará muchos problemas.

RECUERDA:

Poder tolerar lo que no te gusta es prueba sobrepasada, pero tolerar al que no te gusta es prueba superada.

CREO, CONFÍO Y PROCLAMO LO SIGUIENTE:

_____

_____

_____

_____

_____

_____

_____

_____

_____

_____

_____

_____

_____

DONDE ESTÁ MI CORAZÓN

"Porque donde esté vuestro tesoro, allí estará también vuestro corazón". —Mateo 6:21

ESTE VERSO NOS explica claramente que donde depositas la mayor parte de tu tiempo, esfuerzo, trabajo, amor y pasión, allí definitivamente está arraigado tu corazón. Todo individuo debe de aprender a canalizar sus prioridades para mantener su equilibrio. Dios espera de ti que trabajes para ganarte el pan de cada día, mas no perder tu familia por falta de tiempo. Dios espera de ti que te diviertas y disfrutes de todo lo que creó, más no abusar y perder el control. Dios espera de ti que prosperes en todas tus ganancias, pero que tu corazón no se desvíe por causa de la prosperidad, Dios espera de ti que le busques como buscas el oro y la plata.

Declaración de hoy

DECLARO buscar el Reino de Dios y su justicia.
DECLARO cuidar dónde arraigo mi corazón.
DECLARO trabajar diligente en todas las áreas de mi vida.
DECLARO el control de mi corazón en mis prioridades.

Herramientas:

Usar balanza para todo lo que te propongas es:

- Poner tus prioridades en orden.
- Saber con seguridad qué quieres, cómo lo quieres y cuándo lo quieres.
- Hacer un plan con metas de corto y largo plazo.

Para conquistar con éxito tus metas es necesario:

- Hablar con tu familia de tus planes, pasión y amor que tienes para conquistarlos.
- Involucrarlos en el proceso para que sea el mérito de toda la familia.
- No abuses del tiempo ni sacrifiques a ningún miembro de tu familia por algo material.

Tu tesoro estará:

+ Donde inviertas más tiempo.
+ Donde le entregues toda tu pasión.
+ Donde verdaderamente encuentres paz y felicidad.

RECUERDA:

Cuando pierdes la visión del reino, terminas con el tesoro equivocado.

CREO, CONFÍO Y PROCLAMO LO SIGUIENTE:

_____

_____

_____

_____

_____

_____

_____

_____

_____

_____

_____

_____

_____

_____

_____

_____

DECLARACIONES DE VIDA PARA LA MUJER

CUIDANDO MIS OJOS

"El ojo es la lámpara del cuerpo. Por tanto, si tu visión es clara, todo tu ser disfrutará de la luz. Pero si tu visión está nublada, todo tu ser estará en oscuridad. Si la luz que hay en ti es oscuridad, ¡qué densa será esa oscuridad!". —Mateo 6:22-23 (NVI)

TODA LA INFORMACIÓN que entra por tus ojos tiene un impacto espiritual en ti. Es necesario abrir las ventanas de tus ojos para que no tropieces. Pues la información incorrecta trae consigo malos pensamientos, y estos oscurecen el alma. Cuando el alma está oscura, no hay nada bueno en ella.

Declaración de hoy
DECLARO purificar mis ojos.
DECLARO luz para mi alma.
DECLARO pensamientos claros de verdad.
DECLARO que la oscuridad no tomará posesión de mis ojos.

Herramientas:
Cuidar la información que entra por tus ojos requiere:

+ Tener conocimiento si esta información es favorable o tóxica para ti.
+ No volverte adicto y hacerlo parte de tu rutina. Todo sin balance es dañino.
+ Monitorear constantemente tus reacciones ante cierto tipo de información.

Para cuidar tus ojos debes pensar en esto:

+ Todo lo que tus ojos ven, se convierten luego en pensamientos.
+ Todo pensamiento a rienda suelta, te puede incitar a hacerlo una realidad.
+ Si viste algo no conveniente, pídele perdón a tu Padre celestial y no lo vuelvas a ver.

Para mantener tus ojos apartados del mal debes:

- ✦ Apartarlos de lo incorrecto, lo impuro y lo indebido.
- ✦ Evitar situaciones que comprometan tus ojos.
- ✦ En ojos cerrados, no entra basura. Ciérralos cuando sea necesario.

RECUERDA:

Tus ojos son tus ventanas, y siempre es necesario hacerle mantenimiento.

CREO, CONFÍO Y PROCLAMO LO SIGUIENTE:

_____

_____

_____

_____

_____

_____

_____

_____

_____

_____

_____

_____

_____

_____

DIGO NO A LA ANSIEDAD Y AL AFÁN

"Por eso les digo: No se preocupen por su vida, qué comerán o beberán; ni por su cuerpo, cómo se vestirán. ¿No tiene la vida más valor que la comida, y el cuerpo más que la ropa? Fíjense en las aves del cielo: no siembran ni cosechan ni almacenan en graneros; sin embargo, el Padre celestial las alimenta. ¿No valen ustedes mucho más que ellas?". —Mateo 6:25-26 (NVI)

EL VERDADERO SENTIDO de la vida no consiste en ninguna de las cosas que te afanan, que te dañan y que traen consigo ansiedad. Por el contrario te hace una recomendación para tu propio bienestar, vive y disfruta cada instante que puedas porque al final de la jornada de la vida no te llevarás absolutamente nada de esta tierra, solo lo que viviste. Disfruta, ¡Dios está en control!

Declaración de hoy

DECLARO que no me afanaré por el día de mañana.
DECLARO que la ansiedad no tomará control de mí.
DECLARO que mi Padre celestial suplirá todo.
DECLARO disfrutar de todo lo que Dios creó para mi vida.

Herramientas:

Para vivir una vida sin azotes de ansiedad debes:

+ Disfrutar y atesorar cada evento en tu vida.

+ Lo que no puedes resolver tú, lo resuelve Dios.

+ No dejes que tus emociones te controlen.

El propósito de la ansiedad es manipular tu vida, por eso debes:

+ Pasar tiempo de calidad con los seres que amas.

+ Regalar besos y abrazos a los tuyos diariamente.

+ Disfrutar cada día, teniendo tú mismo el control de todo.

Planifícate para:

+ Bajar los niveles de ansiedad y estrés.

- Mantén un plan A & B en tus finanzas.
- Enfócate solo en las soluciones.

RECUERDA:

El afán y la ansiedad son síntomas de inseguridad, y por lo general el inseguro no avanza.

CREO, CONFÍO Y PROCLAMO LO SIGUIENTE:

_____

_____

_____

_____

_____

_____

_____

_____

_____

_____

_____

_____

_____

_____

_____

_____

_____

Declaración #43
NO DEBO CRITICAR

"No juzguéis, para que no seáis juzgados. Porque con el juicio con que juzgáis, seréis juzgados, y con la medida con que medís, os será medido. ¿Y por qué miras la paja que está en el ojo de tu hermano, y no echas de ver la viga que está en tu propio ojo?". —Mateo 7:1-3

NADIE TIENE EL derecho de criticar, señalar y juzgar. Todos somos creación de Dios, todos nos equivocamos, todos pecamos en diferentes cosas y nadie es perfecto. La crítica es un mal hábito que te lleva a deliberar un juicio con tus propias opiniones. La recomendación de Jesús fue: Deshazte de este mal hábito que te traerá problemas y malas consecuencias; pues al final del día tú también te equivocas.

Declaración de hoy
DECLARO romper con el mal hábito de la crítica.

DECLARO anular todo juicio que haga en contra de mi prójimo.

DECLARO establecer mejores relaciones, en vez de criticar.

DECLARO bendición para mi vida y para la vida de mi prójimo.

Herramientas:
Cada vez que vayas a criticar a alguien, piensa primero:

+ En sus virtudes, tal vez cambies de idea.

+ ¿Es correcto y apropiado ante los ojos de Dios?

+ ¿Lograré cambiar a esta persona con mis opiniones?

Para controlar tus comentarios debes considerar:

+ No definir a nadie por una acción, recuerda que todos nos equivocamos.

+ Que si llega a otros oídos, se volverá un chisme.

+ No es sano hablar de otra persona cuando no está presente.

Cuando emites comentarios negativos en contra de otra persona:

+ Bloqueas tus bendiciones.
+ No agradas a Dios.
+ Caes en juicio.

RECUERDA:

El día que no te equivoques, ese día tendrás la oportunidad de criticar a otros con la frente en alto.

CREO, CONFÍO Y PROCLAMO LO SIGUIENTE:

_____

_____

_____

_____

_____

_____

_____

_____

_____

_____

_____

_____

_____

_____

_____

_____

TODO LO PUEDO

"Todo lo puedo en Cristo que me fortalece". —Filipenses 4:13

Todos tenemos la habilidad de realizar cualquier cosa con la fortaleza que Dios mismo nos ha otorgado. La palabra "TODO" no excluye nada. ¡Toma ventaja y empodérate con esta palabra!

Declaración de hoy

DECLARO que puedo lograrlo "TODO" en Cristo.

DECLARO la fortaleza de Dios en mi vida para hacerlo "TODO".

DECLARO trabajar por mis metas para alcanzarlas "TODAS".

DECLARO propósito en mi vida para que "TODO" se cumpla.

Herramientas:

Para trazar metas debes:

+ Saber qué quieres, qué haces y a dónde quieres llegar.

+ Planifica estrategias financieras que te resguarden en los momentos difíciles.

+ Únete a personas que sepan del negocio y te enseñen a crecer.

Para trabajar en tus metas debes:

+ Poner todo en las manos de Dios.

+ Planificar un plan para alcanzarlas a corto y largo plazo.

+ Sé realista en cuanto a tus habilidades.

Prepara tu mente con estas frases antes de comenzar tu día.

+ Tengo a Dios, tengo un plan y trabajaré con pasión hasta alcanzarlo.

+ Si no lo pude lograr hoy, podré lograrlo mañana.

+ Cada vez que te digan que no puedes, medita en esta declaración: "¡EN CRISTO, TODO, ES TODO!".

Recuerda:

¡Lograrlo con Cristo es lograrlo completo!

Creo, confío y proclamo lo siguiente:

_____

_____

_____

_____

_____

_____

_____

_____

_____

_____

_____

_____

_____

_____

_____

_____

_____

_____

_____

_____

_____

Declaración #45
PEDIRÉ, BUSCARÉ Y HALLARÉ

"Pidan, y se les dará; busquen, y encontrarán; llamen, y se les abrirá. Porque todo el que pide, recibe; el que busca, encuentra; y al que llama, se le abre". —Mateo 7:7-8 (NVI)

CLARAMENTE DIOS ESTÁ interesado en que tu nivel de interés en su búsqueda sea exagerado. Hay tres características importantes que espera de ti a la hora de relacionarte con Él: #1- Pedir, #2- Buscar y #3- Llamar. Aunque parecen similares, no son iguales. Cada una de ellas te otorgan tres resultados diferentes: #1- Se te concede, #2- Hallas, #3- Se te abren las puertas.

Declaración de hoy
DECLARO pedir con fe.
DECLARO buscar hasta encontrar.
DECLARO llamar con altavoz.
DECLARO interés de alto nivel en mi vida para buscar a Dios.

Herramientas:
Para pedir debes:

+ Saber qué quieres.

+ Entender por qué lo quieres.

+ Comprender el propósito de querer tenerlo.

Para buscar debes:

+ Orar más y entablar una intensa búsqueda de Dios.

+ Pedir la voluntad de Dios en todo momento.

+ Establecer relaciones personales con individuos que estén conectados con tu meta o propósito.

Cuando llames:

+ Hazlo con humildad.

+ Hazlo con cánticos de regocijo.

- Hazlo con acción de gracias.

RECUERDA:

La insistencia derrota la resistencia.

CREO, CONFÍO Y PROCLAMO LO SIGUIENTE:

_____

_____

_____

_____

_____

_____

_____

_____

_____

_____

_____

_____

_____

_____

_____

_____

_____

Declaración #46
EL ACCESO DE MI PUERTA

"Entrad por la puerta estrecha; porque ancha es la puerta, y espacioso el camino que lleva a la perdición, y muchos son los que entran por ella; porque estrecha es la puerta, y angosto el camino que lleva a la vida, y pocos son los que la hallan". —Mateo 7:13-14

LA PUERTA ES el acceso que tú le das a las cosas que marcarán tu destino. Cuando les das entrada a ciertas personas y circunstancias para marcar tu camino ancho o estrecho, puedes construir tu propio cielo o tu propio infierno. ¡Tú decides a quién o a qué darle acceso!

Declaración de hoy
DECLARO darle acceso a Dios en mi vida.

DECLARO negarle el acceso en mi vida a toda persona tóxica y negativa.

DECLARO hallar el camino angosto para acceder a la vida.

DECLARO entrada al cielo para mi vida y los míos.

Herramientas:
Para evitar la gente tóxica en tu vida debes:

+ Tener un desprendimiento total de ellos.

+ Enfocarte en tus planes y metas, sin incluir personas complicadas.

+ Evitar todo tipo de contacto con ellos. (Físico, emocional, comunicativo etc.).

Para liberarte de ciertas emociones del pasado debes considerar:

+ No guardar rencores, pues terminarás amargándote y haciendo tu propio camino hacia tu propio infierno.

+ Perdonar y voltear la página.

+ Darle acceso a Dios y a gente temerosa de Dios que traerá alegría a tu vida.

Para desintoxicarte de malas relaciones debes considerar:

- Cambiar de ambiente.
- Cambiar de grupos sociales.
- Comenzar a hacer actividades que te motiven a crecer.

RECUERDA:

Que todo lo que intoxica, mata.

CREO, CONFÍO Y PROCLAMO LO SIGUIENTE:

_____

_____

_____

_____

_____

_____

_____

_____

_____

_____

_____

_____

_____

_____

_____

_____

_____

Declaración #47
CUIDANDO MIS FRUTOS

*"Del mismo modo, todo árbol bueno da fruto bueno, pero el árbol
malo da fruto malo. Un árbol bueno no puede dar fruto malo, y un
árbol malo no puede dar fruto bueno". —Mateo 7:17-18 (NVI)*

A TRAVÉS DEL EJEMPLO en el versículo podemos comprender que lo malo no puede ser bueno, y lo desagradable no puede ser agradable. En la vida, nuestros frutos siempre irán de acuerdo con nuestras semillas. Es decir, obtendrás los resultados de tus acciones. Nunca esperes recibir algo bueno de lo malo que hayas sembrado.

Declaración de hoy
>   DECLARO proteger mi siembra.
>   DECLARO sembrar buenas semillas en mi vida.
>   DECLARO que mis frutos serán agradables.
>   DECLARO cuidar mis acciones.

Herramientas:
>   *La ley de la cosecha siempre te recordará:*

+   Sembrar en otros lo que quieres cosechar de ellos.

+   Ser consciente sobre qué tipo de semillas estás sembrando en la vida.

+   No reclamar cuando no hayas sembrado.

>   *Para saber qué tipo de árbol eres, cuida:*

+   Tus acciones, pues ellas descifrarán lo que eres.

+   Tus palabras, porque ellas son semillas.

+   Tu testimonio porque eres fruto del Dios a quien tu escogiste servir.

>   *Todo lo que coseches lo recogerás en:*

+   Tu familia.

+   Tus finanzas.

+   Tu vida espiritual.

RECUERDA:

El que sabe lo que siembra, no le teme a su cosecha.

CREO, CONFÍO Y PROCLAMO LO SIGUIENTE:

_____

_____

_____

_____

_____

_____

_____

_____

_____

_____

_____

_____

_____

_____

_____

_____

_____

_____

_____

EDIFICANDO SOBRE LA ROCA

"Cualquiera, pues, que me oye estas palabras, y las hace, le compararé a un hombre prudente, que edificó su casa sobre la roca. Descendió lluvia, y vinieron ríos, y soplaron vientos, y golpearon contra aquella casa; y no cayó, porque estaba fundada sobre la roca". —Mateo 7:24-25

L A ESTRUCTURA DE una roca es extremadamente durable, confiable y sólida. Es por ello que al comparar nuestra edificación con el ejemplo del diseño de Dios, comprendemos que: Si ponemos los fundamentos de nuestra casa, que es nuestro lugar de refugio, bajo la práctica de las cosas correctas que su Palabra nos recomienda, y las prioridades en orden; podremos sobrevivir cualquier situación adversa.

Declaración de hoy

DECLARO edificar sobre la Roca.

DECLARO poner en práctica las enseñanzas que mi Dios me dejó escritas.

DECLARO que los fundamentos de mi casa están basados en la Palabra de Dios.

DECLARO reedificar si es necesario.

Herramientas:

Para edificar debes considerar:

- Junto a quién estás edificando o quieres edificar.
- En qué tipo de atmósfera quieres edificar para vivir.
- Poner a Dios como el fundamento principal de tu vida.

Si tu fundamento es Dios, tú representas la casa, ten en cuenta:

- Ordenar tu desorden.
- Examinar lo que no está funcionando en tu vida y hacer ajustes.
- Reedificar las ruinas.

El diseño de Dios es:

- Contra toda adversidad.
- Diferente a lo que estás acostumbrado.
- Perfecto, ¡confía!

RECUERDA:

Cuando el fundamento no es estable, la caída es contraproducente.

CREO, CONFÍO Y PROCLAMO LO SIGUIENTE:

_____

_____

_____

_____

_____

_____

_____

_____

_____

_____

_____

_____

_____

_____

_____

_____

_____

Declaración #49
NO CONFÍO EN LA ARENA

"Pero cualquiera que me oye estas palabras y no las hace, le compararé a un hombre insensato, que edificó su casa sobre la arena; y descendió lluvia, y vinieron ríos, y soplaron vientos, y dieron con ímpetu contra aquella casa; y cayó, y fue grande su ruina". –Mateo 7:26-27

En este maravilloso ejemplo podemos entender que la arena representa en alguna forma, la apariencia en la vida. La arena, al contrario de la roca, no es durable, no es confiable y mucho menos sólida. Aunque aparenta ser pequeña e inofensiva, es altamente destructiva, y edificar en ella tu CASA, tu lugar de refugio, ¡no es seguro! Oír las enseñanzas de nuestro Padre celestial y no obedecerlas es edificar en la arena. Porque en el día de la tormenta, toda esa apariencia se derrumbará.

Declaración de hoy
DECLARO no edificar en la arena.

DECLARO interrumpir toda apariencia en mi vida.

DECLARO orar y bendecir mi lugar de refugio.

DECLARO que ningún viento derrumbará mi casa.

Herramientas:
Para evitar edificar sobre la arena debes:

+ Entender que las apariencias engañan.

+ Que la arena aparenta ser resistente, pero no es confiable.

+ No edifiques sobre la mentira, confróntala.

Cuando sientas que no has edificado sobre un fundamento fuerte debes:

+ Parar y pedirle a Dios dirección de tus nuevos planes de edificación.

+ Ajustar lo que anda mal y pretende estar bien.

+ Si es necesario comenzar de nuevo, ¡hazlo!

En la tormenta debes:

- Asegurarte dónde están tus fundamentos, ¡confía!
- Mantener la calma y saber que todo pasará.
- El plan de Dios nunca será destruirte, pero sí hacer de ti un mejor constructor de tu vida.

RECUERDA:

Todo el que vive de apariencias se preocupa más por conquistar la aprobación de otro individuo, que por conquistar la aprobación de Dios.

CREO, CONFÍO Y PROCLAMO LO SIGUIENTE:

_____

_____

_____

_____

_____

_____

_____

_____

_____

_____

_____

_____

_____

DIOS ESTÁ EN LA TORMENTA

"Y vinieron sus discípulos y le despertaron, diciendo: ¡Señor, sálvanos, que perecemos! El les dijo: ¿Por qué teméis, hombres de poca fe? Entonces, levantándose, reprendió a los vientos y al mar; y se hizo grande bonanza". —Mateo 8:25-26

ESTA HISTORIA, AUNQUE literal en ese tiempo, es muy parecida a la realidad que vive cada individuo. Todos en algún momento nos hemos tratado de hundir en circunstancias que nos llenan de miedo y hemos tenido que alzar la voz para pedirle a Dios su socorro por estar carentes de fe. La pregunta es la siguiente: Si Él está contigo, ¿por qué le temes a la tormenta? Dios es el mismo en la tormenta y fuera de ella. ¡Ten fe!

Declaración de hoy
DECLARO que mi fe será aumentada.

DECLARO tener fe en la tormenta.

DECLARO que Dios tiene el control de cualquier circunstancia en mi vida.

DECLARO que mi fe cancela todo temor.

Herramientas:
En la tormenta debes:

+ Identificar a qué distancia está Dios de ti.

+ Mantener la calma y activar la fe.

+ Saber que el miedo solo alimenta desconfianza.

Cuando la tormenta arrecia debes entender:

+ Que es el momento donde más debes estar conectado a Dios.

+ Que él no te dejará solo.

+ Qué el propósito de toda tormenta sea sacar lo mejor de ti.

Después que pasa la tormenta debes saber:

+ Que los problemas son la dosis que tu fe necesita, la fe es probada en la prueba.
+ Todo tiene un propósito. Si pasa, ya lo cumpliste.
+ No te puedes quedar sin contar tu testimonio. Háblale a otros.

RECUERDA:

Después de la tormenta, vienen las oportunidades.

CREO, CONFÍO Y PROCLAMO LO SIGUIENTE:

_____

_____

_____

_____

_____

_____

_____

_____

_____

_____

_____

_____

_____

_____

Declaración #51
FE DESESPERADA

"Se levantó Jesús, y le siguió con sus discípulos. Y he aquí una mujer enferma de flujo de sangre desde hacía doce años, se le acercó por detrás y tocó el borde de su manto; porque decía dentro de sí: Si tocare solamente su manto, seré salva. Pero Jesús, volviéndose y mirándola, dijo: Ten ánimo, hija; tu fe te ha salvado. Y la mujer fue salva desde aquella hora". —Mateo 9:19-22

A DIOS NO LO mueve tu dolor, tu enfermedad o tu circunstancia. A Dios lo mueve tu fe. Preocúpate por tener una fe desesperada, porque cuando ella se propone a tocar a Dios, consigue tu respuesta.

Declaración de hoy
DECLARO alcanzar a tener una fe desesperada.
DECLARO tocar a Dios con mi fe.
DECLARO sanidad y respuesta para mi vida.
DECLARO llamar la atención de Dios con mi fe.

Herramientas:
Para aumentar tu fe, todos los días debes:

+ Orar sin cesar.

+ Pedir a Dios el aumento de fe diariamente.

+ Ser consciente de que la fe debe ser probada. ¡Prepárate para la prueba!

Cuando la fe es probada debes tener en cuenta que necesitas:

+ Ser paciente.

+ Entender el proceso, no cuestionarlo.

+ Esperar el momento, la hora y el lugar adecuado.

Cuando tengas una necesidad de urgencia, recuerda la posición de fe de esta mujer.

+ No le importó la opinión pública para buscar a Jesús.

+ Se interesó por buscar a Jesús.

+ Accionó y tocó a Jesús.

RECUERDA:

La fe no sufre devaluaciones, mientras más pequeña sea, más valor tiene.

CREO, CONFÍO Y PROCLAMO LO SIGUIENTE:

_____

_____

_____

_____

_____

_____

_____

_____

_____

_____

_____

_____

_____

_____

_____

_____

_____

_____

LA COSECHA TE NECESITA

"Entonces dijo a sus discípulos: A la verdad la mies es mucha, mas los obreros pocos". —Mateo 9:37 (NVI)

REALMENTE HAY POCA disponibilidad para trabajar en las cosechas espirituales. La sociedad nos ha envuelto en un sistema donde el tiempo alcanza menos y la apatía se ha vuelto nuestro peor enemigo. Las prioridades no están en el orden bíblico, y por eso el mundo se desmorona cada día al no contar con suficientes obreros para recoger la buena cosecha de Dios.

Declaración de hoy

DECLARO amar la cosecha divina.

DECLARO sacar tiempo para trabajar.

DECLARO ser una obrera para trabajar en la mies.

DECLARO que cada día se añadirán obreros para trabajar.

Herramientas:

Cuando la cosecha te necesita ten en cuenta que:

+ No puedes ser apático a las cosas de Dios.

+ Ofrecer un poco de tu tiempo para servir en tu iglesia local es ser parte de la cosecha.

+ Animar a otros a trabajar, te lleva a ser una inspiración de gran influencia.

Trabajar para Dios es:

+ Lo más satisfactorio que puedas hacer en tu vida.

+ El único trabajo que harás que no es en vano.

+ El trabajo mejor remunerado.

Ser obrero en la cosecha de Dios significa que debes:

+ Cuidar tu testimonio.

+ Amar y servir sin esperar nada a cambio.

+ Comprometerte con Dios, no con el hombre.

RECUERDA:

Cuando eres obrero de Dios, entras en su nómina de pago.

CREO, CONFÍO Y PROCLAMO LO SIGUIENTE:

_____

_____

_____

_____

_____

_____

_____

_____

_____

_____

_____

_____

_____

_____

_____

_____

_____

_____

_____

DECLARACIONES DE VIDA PARA LA MUJER

Declaración #53
QUIERO MÁS

"Porque a cualquiera que tiene, se le dará, y tendrá más; pero al que no tiene, aun lo que tiene le será quitado". —Mateo 13:12

L A FALTA DE conocimiento es la peor pérdida espiritual y material que un individuo enfrenta en su vida. Dios quiere ver un interés en ti por aprender y conocer su propósito. No podemos pasar toda una vida siendo ignorantes de ello. Si tu apatía es grande, y tu conocimiento es pequeño, aun lo que poseas te será quitado para otorgárselo a aquel que está interesado en aprender más.

Declaración de hoy

DECLARO interés por conocer el Reino de Dios.
DECLARO cancelada toda apatía en mi vida.
DECLARO obtener más.
DECLARO que tendré un aprendizaje continuo de la Palabra de Dios.

Herramientas:

Para aprender todos los días debes:

+ Instruirte con información.
+ Hablar con personas que te animen a crecer.
+ Tomar tiempo para leer la Biblia, un buen libro, un artículo, etc.

El conocimiento debe ser buscado y pedido, por eso:

+ Pídele a Dios conocimiento.
+ Busca conocimiento a través de lo que mejor sabes hacer.
+ No repitas lo que otro dice si no estás bien informado.

Para crecer debes:

+ Buscar temas de interés que te ayuden.
+ Tener el hábito de la lectura.

- Hacer talleres, seminarios etc. Todo lo que te añada valor.

RECUERDA:

Tú vales más por lo que sabes, que por lo que haces.

CREO, CONFÍO Y PROCLAMO LO SIGUIENTE:

_____

_____

_____

_____

_____

_____

_____

_____

_____

_____

_____

_____

_____

_____

_____

_____

_____

_____

_____

DECLARACIONES DE VIDA PARA LA MUJER

LA GRANDEZA SE VISTE DE MOSTAZA

"Aunque es la más pequeña de todas las semillas, cuando crece es la más grande de las hortalizas y se convierte en árbol, de modo que vienen las aves y anidan en sus ramas". —Mateo 13:32 (NBD)

PARA SER GRANDE no se necesita aparentar ser gigante. El ejemplo de la semilla de mostaza compara la belleza y el poder que cada individuo posee. Por más pequeño que aparente ser, tiene mucho potencial para llegar a la grandeza. No bases tu éxito en el tamaño de tu semilla sino en el valor que tú mismo le das a ella. No subestimes a nadie por el tamaño de su semilla.

Declaración de hoy

DECLARO que el poder de Dios y mis valores me hacen grande.

DECLARO que lo más hermoso de mí está dentro de mí.

DECLARO que soy grande ante los ojos de Dios.

DECLARO no subestimar la grandeza de nadie por el tamaño de su semilla.

Herramientas:

Para ser grande debes:

+ Ser hermosa por dentro.

+ Ser humilde.

+ Nunca olvidar quién eres.

Dios ama:

+ Lo pequeño, porque lo vuelve grande.

+ Lo insignificante, porque le da valor.

+ Lo grande, porque le recuerda que nunca debe olvidar cómo creció.

La fe es pequeña, pero hace cosas grandes, por lo tanto:

+ Presta más atención a las personas de tu alrededor, nunca sabes qué tan alto volarán.

+ No subestimes a nadie por su apariencia.

+ El mundo gira rápidamente, hoy puedes estar abajo y mañana puedes amanecer volando.

RECUERDA:

Lo más pequeño de ti, siempre sacará lo más grande de ti: ¡Tu fe!

CREO, CONFÍO Y PROCLAMO LO SIGUIENTE:

_____

_____

_____

_____

_____

_____

_____

_____

_____

_____

_____

_____

_____

_____

_____

_____

MI PERLA

"También el reino de los cielos es semejante a un mercader que busca buenas perlas, que habiendo hallado una perla preciosa, fue y vendió todo lo que tenía, y la compró". —Mateo 13:45-46

¿CUÁL DEBE SER la actitud que debemos tener por las cosas de Dios? Todos sabemos lo fascinante que es el mundo de las perlas, pero muy pocas personas saben el inmenso y significativo valor de ellas. Es por ello que el que compra perlas sabe lo que tiene. De igual manera todos conocemos lo hermoso que es Dios y su reino, pero muy pocos estamos dispuestos a darlo todo para obtenerlo. ¡Pareciera que no supiéramos el gran tesoro que tenemos!

Declaración de hoy

DECLARO tener a Dios como el más grande tesoro de mi vida.

DECLARO amar las cosas de Dios con gran valor.

DECLARO valorar lo que tengo en el reino.

DECLARO correr para adquirir lo que Dios tiene para mí.

Herramientas:

Para saber el valor de tus talentos:

+ Debes conocer los talentos que Dios ha puesto en tus manos.

+ No pierdas más el tiempo haciendo nada en la obra de Dios.

+ Pon tus conocimientos al servicio de Dios.

Cada talento que posees es una perla:

+ Úsala

+ Ponla a disposición de tu iglesia, tu comunidad, tus amigos y familiares.

+ Inspira a otros.

Todo talento con habilidad es:

+ Necesario para alcanzar a otros.
+ Digno de ser usado para dejar el nombre de Dios en alto.
+ Indispensable en la obra de Dios.

RECUERDA:

Tus habilidades son valores añadidos. Tus talentos son regalos divinos.

CREO, CONFÍO Y PROCLAMO LO SIGUIENTE:

_____

_____

_____

_____

_____

_____

_____

_____

_____

_____

_____

_____

_____

_____

_____

Declaración #56
ES HORA DE PESCAR

*"Asimismo el reino de los cielos es semejante a una red,
que echada en el mar, recoge de toda clase de peces; y una vez llena, la sacan a la
orilla; y sentados, recogen lo bueno en cestas, y lo malo echan fuera". —Mateo 13:47-48*

No TODO EN el reino es cien por ciento bueno. La analogía de lanzar una red en el mar te da la oportunidad de pensar que cualquier cosa puede enredarse en tus redes, pero también destaca la habilidad de una persona para separar lo bueno de lo malo, lo que te conviene y lo que no te conviene. La conclusión del éxito de una buena pesca en el Reino de Dios no se basa en lo que logres pescar sino en lo que escojas de aquello que hayas pescado.

Declaración de hoy

DECLARO echar la red diariamente para pescar.
DECLARO ser consciente que no todo es bueno y conveniente.
DECLARO habilidad para escoger entre lo bueno y lo malo.
DECLARO una buena pesca en mi vida.

Herramientas:

Para tomar ventaja de las oportunidades debes:

- Entender que todo es lícito, pero no todo te conviene.
- Tus decisiones marcan tu éxito.
- Dios te da la oportunidad junto con el libre albedrío. ¡Ten cuidado!

Para tener una buena pesca debes:

- Pedirle a Dios buenos peces (oportunidades).
- Estar preparada en todo momento.
- Saber que no todos los peces se comen. Es decir, no todas las oportunidades se deben tomar.

111

Recuerda:

El éxito de una buena pesca en el Reino de Dios no se basa en lo que logres pescar sino en lo que sepas escoger.

Creo, confío y proclamo lo siguiente:

_____

_____

_____

_____

_____

_____

_____

_____

_____

_____

_____

_____

_____

_____

_____

_____

_____

_____

Declaración #57
SOPORTANDO LA DUDA

"Entonces le respondió Pedro, y dijo: Señor, si eres tú, manda que yo vaya a ti sobre las aguas. Y él dijo: Ven. Y descendiendo Pedro de la barca, andaba sobre las aguas para ir a Jesús. Pero al ver el fuerte viento, tuvo miedo; y comenzando a hundirse, dio voces, diciendo: ¡Señor, sálvame! Al momento Jesús, extendiendo la mano, asió de él, y le dijo: ¡Hombre de poca fe! ¿Por qué dudaste?". —Mateo 14:28-31*

POR UN MOMENTO Pedro fue un héroe, momentos más tarde, fue una cobarde. La batalla diaria de todo ser humano es entre lo heroico y la cobardía, lo que nos hace sentirnos fuertes y lo que nos asusta. De esa manera vivimos, hundiéndonos en nuestros problemas aun sabiendo que Dios está presente. En conclusión, si pasas por este escenario recuerda que: ¡Creer es poder soportar la duda y vencerla!

Declaración de hoy
DECLARO creer en el poder de Dios para ayudarme.

DECLARO vencer toda duda.

DECLARO la presencia de Dios en toda circunstancia de mi vida.

DECLARO cancelar todo lo que me asuste.

Herramientas:
La duda solo quiere:

+ Atemorizarte.

+ Desenfocarte.

+ Robar tu paz.

Para vencer la duda debes tomar en cuenta:

+ No te dejes asustar por el tamaño de tu problema.

+ Si tu problema es grande, tu solución también debe ser grande.

+ Toda tu energía irá hacia donde más la enfoques.

Cuando la duda llegue:

+ Ora con persistencia.
+ Canta cánticos de alegría.
+ Da gracias por la victoria.

RECUERDA:

¡Soporta la duda y le ganarás!

CREO, CONFÍO Y PROCLAMO LO SIGUIENTE:

_____

_____

_____

_____

_____

_____

_____

_____

_____

_____

_____

_____

_____

_____

_____

CUIDANDO MIS PENSAMIENTOS

"Jesús llamó a la multitud y dijo: —Escuchen y entiendan. Lo que contamina a una persona no es lo que entra en la boca sino lo que sale de ella". —Mateo 15:10-11 (NVI)

CUANDO NO CONTROLAS el tipo de pensamientos que cultivas en tu mente, con el tiempo daña tu alma. Todo pensamiento de mal que entra, más tarde saldrá por tu boca para destruir. Todo pensamiento de bien que entra a tu mente, saldrá por tu boca para edificar. Los pensamientos tienen voz, pues ellos después de ser procesados salen por tu boca como palabras. ¿Quieres conocer los buenos o malos pensamientos de alguien? ¡Escúchalo hablar!

Declaración de hoy
DECLARO cuidar mis pensamientos.
DECLARO sembrar pensamientos de bien en mi mente.
DECLARO cuidar mi alma con mis pensamientos.
DECLARO analizar y cuidar toda información que entra a mi mente.

Herramientas:
Para cuidar tu mente debes:

+ Prestar atención a la información que dejas entrar a tu mente.

+ Evitar ciertos tipos de conversaciones tóxicas donde te envuelves.

+ Cuida tus palabras.

Tu mente es tu campo de batalla:

+ Despeja tu mente de todo mal pensamiento.

+ No le des acceso a la información incorrecta.

+ Desecha imágenes perversas de tu mente.

Para limpiar tu mente debes considerar:

+ La oración.
+ Las buenas conversaciones.
+ Ninguna tolerancia al chisme.

Recuerda:

Tu mente es tu base de datos, lo que tengas archivado es lo que procesarás.

Creo, confío y proclamo lo siguiente:

_____

_____

_____

_____

_____

_____

_____

_____

_____

_____

_____

_____

_____

_____

_____

Declaración #59
DISFRUTANDO MI JORNADA

"En aquel tiempo los discípulos vinieron a Jesús, diciendo: ¿Quién es el mayor en el reino de los cielos? Y llamando Jesús a un niño, lo puso en medio de ellos, y dijo: De cierto os digo, que si no os volvéis y os hacéis como niños, no entraréis en el reino de los cielos. Así que, cualquiera que se humille como este niño, ése es el mayor en el reino de los cielos". —Mateo 18:1-4

CONSTANTEMENTE EL HOMBRE desea ser importante, ser el centro de atención y ganar la carrera en la constante competencia con su prójimo. Pero Jesús es claro y directo al comparar la falta de interés de un niño en querer ser el mejor. El enfoque de un niño es disfrutar cada momento de la jornada; y no hacer que la jornada se vuelva una constante faena, porque todo en la vida tiene su momento, su hora y su lugar.

Declaración de hoy
DECLARO humildad como la de un niño, para mi vida.
DECLARO disfrutar la jornada que Dios tiene para mí.
DECLARO que la posición más importante de la vida, es la
    posición de mi corazón.
DECLARO romper toda ansiedad de poder en mi vida.

Herramientas:
Para ser como niños debemos:

+ Aprender que la posición del corazón nos lleva más lejos que la posición de una actitud altiva.

+ No afanarnos por alcanzar poder y estatus, sino disfrutar cada momento que se vive.

+ Olvidarnos de la presión de las apariencias para disfrutar el momento.

Para llegar a grandes lugares en la vida debes:

+ Disfrutar cada momento, escalando con humildad y esfuerzo cada etapa.

- Dejar huellas sin pisotear a los demás.
- Ve siempre la milla extra. Lo "EXTRA" siempre se transformará en "EXTRAORDINARIO".

Para ser importante en el reino de los cielos debes:

- Servir.
- Amar.
- Ser humilde.

RECUERDA:

Disfruta toda temporada en tu jornada, unas son para empobrecer el ego y otras para enriquecer el alma. Como quieras, las dos son necesarias.

CREO, CONFÍO Y PROCLAMO LO SIGUIENTE:

_____

_____

_____

_____

_____

_____

_____

_____

_____

_____

_____

FUI CREADA PARA PRODUCIR

"Por la mañana, volviendo a la ciudad, tuvo hambre. Y viendo una higuera cerca del camino, vino a ella, y no halló nada en ella, sino hojas solamente; y le dijo: Nunca jamás nazca de ti fruto. Y luego se secó la higuera". —Mateo 21:18-19

SE SUPONE QUE una planta debe dar frutos, pero cuando Jesús fue hacia ella no encontró nada. Podemos comparar esta analogía con aquellas personas que viven vidas secas, iguales a la higuera. No tienen propósito, visión, expectativa y mucho menos se interesan en dar frutos. No fuimos creados para adornar. ¡Fuimos creados para producir y ser fructíferos!

Declaración de hoy
DECLARO creatividad en mi vida para fructificar.

DECLARO que mis frutos serán visibles.

DECLARO cancelar toda falta de productividad en mi vida.

DECLARO que Dios hallará fruto en mí a tiempo y fuera de tiempo.

Herramientas:
Para ser productivo con tu vida debes:

- Poner tus prioridades en orden.
- Saber qué quieres en la vida y a dónde quieres llegar.
- Planificarte.

Para buscar razones y oportunidades para generar frutos debes:

- Estar dispuesto a trabajar y servir.
- Instruirte.
- Estar preparado antes de que la oportunidad llegue.

Cuando eres fructífero debes recordar:

- Compartir con los demás. Los frutos son para todos.
- No dejes que tus frutos se pudran, cuida tus actitudes.

+ Podar todo aquello de tu vida que impida la reproducción de buenos frutos.

RECUERDA:

Si por tus frutos te conocen, cuida mucho tu cosecha.

CREO, CONFÍO Y PROCLAMO LO SIGUIENTE:

_____

_____

_____

_____

_____

_____

_____

_____

_____

_____

_____

_____

_____

_____

_____

_____

_____

Declaración #61
VIVIENDO PARA SERVIR

*"El que es el mayor de vosotros, sea vuestro siervo. Porque el que se enaltece
será humillado, y el que se humilla será enaltecido". —Mateo 23:11-12*

L A CONDICIÓN DE grandeza de un ser humano está basada en una sola palabra: "SERVIR". Cuando este acto se hace genuinamente, castiga el ego de cualquier individuo. Es por ello que Dios rechaza a toda persona que se limita a servir, posicionándolos en el último lugar de la línea. ¿Quieres ser primero? ¡Sirve!

Declaración de hoy
DECLARO servir genuinamente.

DECLARO humillar mi ego para dar prioridad a la voluntad de Dios.

DECLARO servir para que Dios me posicione.

DECLARO amar la obra de Dios por medio del servicio.

Herramientas:
Cuando sirvas debes recordar:

+ Hacer actos de servicio genuinos sin comentarlos para ganarte la aprobación de otros.
+ Hacerlo como si fuese para Dios.
+ Que si no vives para servir, no sirves para vivir.

Sirve sin esperar nada a cambio, porque:

+ Mientras mayor es la expectativa, mayor es la desilusión.
+ Hay personas que nunca tendrán nada para devolverte.
+ El que sirve desinteresadamente se gana el respeto de los demás.

El servicio requiere:

+ Tu tiempo.
+ Tu dinero.
+ Tu voluntad.

RECUERDA:

Servir es un acto de humildad que te garantizará grandes dividendos.

CREO, CONFÍO Y PROCLAMO:

_____

_____

_____

_____

_____

_____

_____

_____

_____

_____

_____

_____

_____

_____

_____

_____

_____

_____

_____

_____

Declaración #62
CUIDANDO MI COMPORTAMIENTO

"Por nuestra parte, a nadie damos motivo alguno de tropiezo, para que no se desacredite nuestro servicio". —2 Corintios 6:3 (NVI)

DEBEMOS REPRESENTAR LO que somos. Cuidar nuestra conducta ante aquellos que no conocen de Dios, es nuestra responsabilidad pues somos vistos como el producto de Dios. Si ven un comportamiento dañino en nosotros, la gente no confiará en la calidad ni en la garantía del fabricante.

Declaración de hoy
DECLARO cuidar mi comportamiento ante los demás.
DECLARO representar a mi Padre de la mejor manera.
DECLARO manejar mis actitudes con control para mostrar el amor de Dios en mí.
DECLARO controlar mi conducta que es mi testimonio.

Herramientas:
Cuidar tus valores donde quiera que te encuentres significa que debes:

+ Controlar lo que dices y cómo lo dices.

+ Tener sumo cuidado de tus impulsos y reacciones.

+ Cuidar tu testimonio moral.

Para cuidar tu conducta ante los demás debes:

+ No perder la compostura.

+ Usar un vocabulario que sea digno de representar a Dios.

+ Evitar comprometer tus valores y la iglesia que represente.

Con tu comportamiento predicas más que con tus palabras.

+ Procura ser amable con todos.

+ No pases por desapercibida la necesidad de otros.

123

- Traza límites de compostura y respeto acompañados del amor de Dios en todo momento.

RECUERDA:

Tus acciones hablan mucho más fuerte que tus palabras.

CREO, CONFÍO Y PROCLAMO LO SIGUIENTE:

_____

_____

_____

_____

_____

_____

_____

_____

_____

_____

_____

_____

_____

_____

_____

_____

Declaración #63
SOY VENCEDOR

"Antes, en todas estas cosas somos más que vencedores por medio de aquel que nos amó". —Romanos 8:37

EL AMOR QUE venció la muerte en la cruz del Calvario, es el mismo amor que nos da la habilidad de ser más que vencedores en cualquier adversidad. Recuerda que somos el prototipo del modelo original que Dios creó con su mismo carácter.

Declaración de hoy
DECLARO ser un vencedor.
DECLARO el amor de Dios en mi vida para vencer todo obstáculo.
DECLARO el carácter de Dios en mí.
DECLARO que soy el diseño original de mi padre.

Herramientas:
No naciste para perder, recuerda este verso.

+ Cuando venga la soledad, ¡recuérdalo!
+ Cuando te sientas impotente o frustrado, ¡recítalo!
+ Cuando ataquen los problemas, aplícalo buscando soluciones.

¿Qué hacer cuando llegan los problemas?

+ Confróntalos.
+ No pierdas tu tiempo preocupándote por la causa que lo originó, busca soluciones.
+ Deja todo en las manos del Señor en oración, y muévete.

-Todo problema tiene una solución:

+ Búscale la vuelta al problema.
+ Aprende de lo que te enseñe.
+ No llames otro problema, con el mismo problema. Si lo resuelves quiere decir que el problema ya expiró.

RECUERDA:

Si crees poder hacerlo, ya lo hiciste. Si crees que perderás, ya perdiste. ¡Tú mismo tienes la respuesta!

CREO, CONFÍO Y PROCLAMO LO SIGUIENTE:

_____

_____

_____

_____

_____

_____

_____

_____

_____

_____

_____

_____

_____

_____

_____

_____

_____

_____

_____

_____

Declaración #64
FE

"Es, pues, la fe la certeza de lo que se espera, la convicción de lo que no se ve". —Hebreos 11:1

L A FE ES el vehículo que necesitas para transportarte y cruzar el puente de lo natural para ver lo sobrenatural. Los tres elementos de la fe: Certeza, seguridad y confianza, deben ser utilizados para convencernos de que lo que estábamos esperando, ya es un hecho.

Declaración de hoy

DECLARO fe en mi vida.
DECLARO que mi fe tocará a Dios.
DECLARO ver con los ojos de la fe.
DECLARO fe para ver a Dios.

Herramientas:

Cuando le pides a Dios que aumente tu fe tendrás que:

+ Ser consciente que serás probado.
+ Ser paciente con la respuesta.
+ Aceptar la voluntad de Dios.

Para usar los tres elementos de la fe debes:

+ Tener *certeza* de lo que quieres obtener. ¡Infórmate!
+ Tener *seguridad* de lo que vas a recibir. ¡Arriésgate!
+ Tener *confianza* que Dios lo hará. ¡Espera!

Para hablar y actuar como si Dios ya lo hizo, debes:

+ Pedir paz como señal de su voluntad mientras esperas.
+ Orar con acción de gracias.
+ Cantar cánticos de alegría por la respuesta.

RECUERDA:

Lo sobrenatural tiene un precio que muy pocos están dispuestos a pagar, y solo los generosos lo recibirán.

CREO, CONFÍO Y PROCLAMO LO SIGUIENTE:

_____

_____

_____

_____

_____

_____

_____

_____

_____

_____

_____

_____

_____

_____

_____

_____

_____

_____

_____

_____

Declaración #65
INSISTE

"Pedid, y se os dará; buscad, y hallaréis;
llamad, y se os abrirá". –Lucas 11:9

EN LA ORACIÓN hay un factor muy importante para ser escuchado. La insistencia es la acción de permanecer hasta conseguir lo deseado. La oración debe ser como una piedrita en el zapato. Cuando es tanta la insistencia, no queda otra opción que prestarle suma atención.

Declaración de hoy

DECLARO insistir en mi oración.

DECLARO ser insistente con mi bendición.

DECLARO insistencia en mi vida para tocar puertas.

DECLARO poder en mi oración.

Herramientas:

Para insistir en la oración debes tener en cuenta lo siguiente:

+ Debes hacerla parte de tus hábitos.
+ Debes desearla con desesperación.
+ Debes hacer una cita diaria con Dios.

Si tienes metas, necesidades, peticiones, debes:

+ Orar todos los días por ello.
+ Insistir en la oración, ella es la clave.
+ Si las cosas cambian de rumbo, no desistas.

Para tener oraciones efectivas debes:

+ Hacerlas de manera diferente.
+ Ser creativo con tus oraciones.
+ No adoptes una misma postura diariamente, sino se tornará en rutina y te aburrirás.

RECUERDA:

La oración debe ser insistencia, no emergencia.

CREO, CONFÍO Y PROCLAMO LO SIGUIENTE:

_____

_____

_____

_____

_____

_____

_____

_____

_____

_____

_____

_____

_____

_____

_____

_____

_____

_____

_____

_____

_____

_____

DECLARACIONES DE VIDA PARA LA MUJER

Declaración #66
DERRUMBO TODO ARGUMENTO DE DIVISIÓN

"Mas él, conociendo los pensamientos de ellos, les dijo:
Todo reino dividido contra sí mismo, es asolado; y una casa
dividida contra sí misma, cae". —Lucas 11:17

LA DIVISIÓN SOLO trae consigo problemas. En la división no hay acuerdo, y en el desacuerdo reina el egoísmo, la disputa y los argumentos. Derrumba todo argumento de división en tu vida para que la paz reine en todo lo que hagas.

Declaración de hoy

DECLARO derribar todo argumento de división en mi vida y en mi casa. DECLARO paz y unidad en mi familia. DECLARO el poder del acuerdo sobre mi entorno. DECLARO unión con mi cónyuge.

Herramientas:

Para derribar argumentos de división familiar debes:

+ Hacer actividades que unan a tu familia.
+ Deshazte de todo lo que traiga división a tu vida.
+ Evita conflictos y conviértete en un pacificador.

Las divisiones comenzarán si no controlas:

+ Tus impulsos y reacciones a tus emociones.
+ Tus acciones y tus palabras.
+ El manejo de los chismes de personas tóxicas.

La paz se consigue solo cuando:

+ Jesús reina en tu hogar.
+ Hay disposición de hacer el bien todo el tiempo.
+ Usas las tres llaves de proverbios: Sabiduría, inteligencia y prudencia.

RECUERDA:

La división es la recompensa que gana el ego a la hora de competir. ¡No dejes que gane!

CREO, CONFÍO Y PROCLAMO LO SIGUIENTE:

_____

_____

_____

_____

_____

_____

_____

_____

_____

_____

_____

_____

_____

_____

_____

_____

_____

_____

_____

_____

_____

NO HAY DUDA QUE MI PADRE ME AMA

"Y volviendo en sí, dijo: ¡Cuántos jornaleros en casa de mi padre tienen abundancia de pan, y yo aquí perezco de hambre! Me levantaré e iré a mi padre, y le diré: Padre, he pecado contra el cielo y contra ti. Ya no soy digno de ser llamado tu hijo; hazme como a uno de tus jornaleros. Y levantándose, vino a su padre. Y cuando aún estaba lejos, lo vio su padre, y fue movido a misericordia, y corrió, y se echó sobre su cuello, y le besó". –Lucas 15:17-20

JESÚS NOS EXPLICA en esta parábola, el amor de un padre hacia un hijo extraviado. El hijo reconoció que no hay mejores atenciones como las de la casa del padre. Esta reflexión lo llevó a doblegar su ego e ir a pedir perdón, pero más que un perdón recibió el corazón de su padre a través del pacto de un abrazo y un beso.

Declaración de hoy
DECLARO regresar a mi Padre celestial.
DECLARO pedir perdón a mi Padre.
DECLARO amar a mi Padre.
DECLARO hacer pacto con mi Padre.

Herramientas
Tu Padre celestial te ama y está dispuesto a perdonarte, solo debes:

+ Tomar la decisión de regresar a Él.

+ Doblegar tu ego y reconocer que lo necesitas.

+ Aprender a vivir en la casa de tu Padre celestial.

El amor incondicional del Padre celestial:

+ No se limita para perdonarte.

+ No reprocha las malas decisiones.

+ No te subyuga a llevar una vida llena de culpabilidad.

Para hacer pacto con el Padre celestial debes:

+ Comenzar una relación con Él.

+ Encontrar tu propósito en Él.
+ Seguir tu llamado.

RECUERDA:

Puedes alejarte de la casa de tu padre, pero nunca el Padre celestial se alejará de tu corazón, a menos que tú se lo pidas.

CREO, CONFÍO Y PROCLAMO LO SIGUIENTE:

_____

_____

_____

_____

_____

_____

_____

_____

_____

_____

_____

_____

_____

_____

_____

_____

_____

ADMINISTRANDO LAS BENDICIONES DE DIOS

"Porque ¿quién de vosotros, queriendo edificar una torre, no se sienta primero y calcula los gastos, a ver si tiene lo que necesita para acabarla?". –Lucas 14:28

Es muy importante la buena administración de nuestros bienes para conseguir ejecutar nuestros planes con éxito y no quedar a medias. El ejemplo de construir sin calcular costos es el continuo problema que muchas personas hoy día enfrentan en su vida cotidiana y terminan frustrados por no poder concluir muchos de los proyectos que comienzan.

Declaración de hoy

DECLARO dirección en mi vida para construir mejores cosas.

DECLARO calcular antes de construir.

DECLARO ser un buen administrador de las bendiciones de Dios.

DECLARO terminar lo que comienzo.

Herramientas:

Utiliza las tres reglas principales para manejar tu dinero efectivamente:

+ No gastes más de lo que ganas.

+ Invierte tu dinero para multiplicarlo.

+ Ahorra en los momentos de abundancia.

+ Nunca te quedes con la parte que le corresponde a Dios.

Si no quieres terminar en bancarrota procura:

+ No vivir de las apariencias.

+ Aprender a ser un mejor administrador de tus bienes.

+ No hagas negocios ilegales o ganes dinero deshonestamente.

Para terminar tus proyectos, metas o negocios debes:

+ Obtener conocimiento del costo general.

+ Trabajar con visión, pasión y fecha de expiración.

+ Invertir oración, tiempo y dinero.

RECUERDA:

No es qué tan grande comienzas, es que tan grande termines. Porque conseguir terminar, ¡ya es grande!

CREO, CONFÍO Y PROCLAMO LO SIGUIENTE:

_____

_____

_____

_____

_____

_____

_____

_____

_____

_____

_____

_____

_____

_____

_____

Declaración #69
DAR SIN ESPERAR

"Mas cuando hagas banquete, llama a los pobres, los mancos, los cojos y los ciegos; y serás bienaventurado; porque ellos no te pueden recompensar, pero te será recompensado en la resurrección de los justos". –Lucas 14:13-14

DIOS AMA LA esencia de un corazón genuino que da sin esperar nada a cambio. Vivimos en un sistema que nos ha enseñado a intercambiar favores de acuerdo a nuestro estatus y a lo que podemos devolver en forma de gratitud. La paradoja de la recompensa de Dios es darle a aquellos que no tienen nada que ofrecerte.

Declaración de hoy
DECLARO dar sin esperar nada a cambio.
DECLARO servirle a aquel que no me puede pagar.
DECLARO servir para recibir la recompensa divina.
DECLARO amar sin condición al que no tiene nada que ofrecer.

Herramientas:
Cuando sirvas ten en cuenta:

+ Nunca esperar nada a cambio.
+ Si tienes expectativas altas cuando sirves, la decepción será del mismo tamaño de tu expectativa.
+ No te dejes llevar por las apariencias a la hora de servir.

Sirve a aquellos que:

+ Sean menos favorecidos y afortunados.
+ No tienen cómo pagarlo de vuelta.
+ Probablemente nunca los volverás a ver en tu vida.

Dios no hace acepción de personas, aprende a:

+ Combinar tus amistades, puedes tener gente pudiente y gente que no tiene nada.
+ Añadirle valor a la gente por la calidad humana que tengan y no por los bienes que poseen.

- Disfrutar de la amistad que te pueda brindar todo tipo de persona.

Recuerda:

No ponerle expectativas a tu servicio, haciendo esto te ahorrarás grandes decepciones.

Creo, confío y proclamo lo siguiente:

_____

_____

_____

_____

_____

_____

_____

_____

_____

_____

_____

_____

_____

_____

_____

_____

_____

_____

Declaración #70
NO TEMERÉ

"Estas cosas os he hablado para que en mí tengáis paz. En el mundo tendréis aflicción; pero confiad, yo he vencido al mundo". —Juan 16:33

No vivimos dentro de una bola de cristal sino dentro de un sistema que nos llena de preocupaciones, decepciones, frustraciones, stress, etc. Exige demasiado de nosotros al punto de causarnos altibajos y muchas tristezas. Pero la confianza que Dios quiere impartirnos es que su paz sobrepasa cualquier preocupación terrenal, dándonos el control de poder vivir una vida plena y en balance.

Declaración de hoy

DECLARO que nada robará mi paz.

DECLARO tranquilidad en mi vida.

DECLARO que Dios está en control.

DECLARO victoria sobre toda prueba que genere tristeza a mi vida.

Herramientas:

Para tener todo bajo control debes:

+ Aprender a conocer tus emociones y evitar que ellas te dominen.

+ No dejes que las situaciones te manipulen a su antojo, ¡toma las riendas!

+ No pierdas la calma en ninguna situación crítica.

La paz de Dios se consigue:

+ Dejando que Dios actúe.

+ Confiando en el poder de Dios y en la habilidad que te dio para actuar.

+ En el comportamiento que manifiestes en medio de la adversidad.

La victoria llega cuando:

- Sabes de dónde vienen tus fuerzas.
- Actúas rápido y siendo precisa en lo que quieres.
- Tomando las decisiones correctas sin ser guiada por emociones fluctuantes.

RECUERDA:

No es lo que esperas, es la manera cómo esperas.

CREO, CONFÍO Y PROCLAMO LO SIGUIENTE:

_____

_____

_____

_____

_____

_____

_____

_____

_____

_____

_____

_____

_____

_____

_____

DECLARACIONES DE VIDA PARA LA MUJER

Declaración #71
MI METAMORFOSIS

"Respondió Jesús: De cierto, de cierto te digo, que el que no naciere de agua y del Espíritu, no puede entrar en el reino de Dios". –Juan 3:5

Es NECESARIO QUE el ser humano experimente una metamorfosis espiritual para heredar el Reino de Dios. Es decir; una transformación, un volver a nacer. Debe morir a sus genes biológicos para obtener espiritualmente el ADN de Dios.

Declaración de hoy
DECLARO una metamorfosis espiritual en mi vida.
DECLARO morir a la carne para nacer en el espíritu.
DECLARO cancelar todo mal hábito de mi vida.
DECLARO tener el ADN de mi Padre celestial.

Herramientas:
Para obtener una metamorfosis espiritual debes tener que:

+ Morir al mundo y a sus deseos pecaminosos.
+ Quebrantar tu ego.
+ No dejar que el viejo hombre resucite en ti.

No puedes arrastrar los malos hábitos en una vida nueva con Dios, debes:

+ Despójate de tu pasado.
+ Actúa con una nueva perspectiva.
+ Libérate de toda culpabilidad

Tener el ADN de Dios significa:

+ Moldear nuestro carácter a su carácter.
+ Reproducir sus obras.
+ Ser reconocidos como sus seguidores, no por nuestras palabras, sino por nuestras acciones.

RECUERDA:

El ADN de nuestro padre se hereda por transformación.

CREO, CONFÍO Y PROCLAMO LO SIGUIENTE:

_____

_____

_____

_____

_____

_____

_____

_____

_____

_____

_____

_____

_____

_____

_____

_____

_____

_____

_____

_____

_____

Declaración #72
DEBO DEJAR DE LLORAR

"Cuando llegó cerca de la puerta de la ciudad, he aquí que llevaban a enterrar a un difunto, hijo único de su madre, la cual era viuda; y había con ella mucha gente de la ciudad. Y cuando el Señor la vio, se compadeció de ella, y le dijo: No llores. Y acercándose, tocó el féretro; y los que lo llevaban se detuvieron. Y dijo: Joven, a ti te digo, levántate. Entonces se incorporó el que había muerto, y comenzó a hablar. Y lo dio a su madre". –Lucas 7:12-15

A DIOS NO LO conmueven tus lágrimas o tu dolor. Dios no actúa por dolor sino por amor. Es necesario que entiendas que los momentos difíciles no son para llorar sino para confiar en el poder de Dios.

Declaración de hoy
DECLARO dejar de llorar por mis circunstancias.
DECLARO confiar que el poder de Dios obrará a mi favor.
DECLARO que mi esperanza resucitará aun estando muerta.
DECLARO el amor de Dios en mi vida.

Herramientas:
Para activar la confianza debes:

+ Dejar de llorar por tu situación y comenzar a confiar más en Dios.
+ Dejar todo en las manos de Dios por medio de la oración.
+ Entender que el amor de Dios no te dejará morir, pero probará tu confianza.

La confianza te enseña:

+ A aprender a esperar.
+ A ser paciente.
+ A controlar tus emociones.

Todo problema te llevará a:

+ Buscar una solución.

- Aumentar tu capacidad de resistencia.
- Salir de tu comodidad.

Recuerda:

El llanto es la negación del milagro. Dios no quiere llorones, Dios quiere que adores.

Creo, confío y proclamo lo siguiente:

_____

_____

_____

_____

_____

_____

_____

_____

_____

_____

_____

_____

_____

_____

_____

_____

_____

_____

NECESITO TAN SOLO UN POCO DE FE

"Dijeron los apóstoles al Señor: Auméntanos la fe". –Lucas 17:5

Es CONSTANTE LA demanda de un ser humano al exigir siempre querer tener más. No es secreto que las paradojas de Dios trabajan diferente. Para Dios, si tu fe llegase a alcanzar el tamaño de una semilla de mostaza ya es suficiente como para hacer cosas grandes.

Declaración de hoy

DECLARO que mi fe es como una semilla de mostaza.

DECLARO fe para agradar a Dios.

DECLARO resucitar mi fe si ha muerto.

DECLARO creer por fe y no por vista.

Herramientas:

La fe como una semilla de mostaza:

+ No es muy grande al ojo humano, pero es inmensa ante los ojos de Dios.
+ La fe aumenta cuando aumenta el interés por ella.
+ Creer es soportar la duda y vencerla. ¡Vence tus dudas!

Cómo agradar a Dios con fe:

+ Creyendo
+ Llamando las cosas que no son como si fuese.
+ Tomando acción. Es necesario que hagas tu parte.

No dejes morir tu fe:

+ Los problemas cotidianos tienden a asesinar tu fe.
+ Si sientes que no hay posibilidades, son indicios de una fe muerta.
+ La esperanza es la única que resucita tu fe, ¡no la pierdas!

Recuerda:

Fe es la distancia que recorre tu confianza sin ser acompañada de la duda.

Creo, confío y proclamo lo siguiente:

_____

_____

_____

_____

_____

_____

_____

_____

_____

_____

_____

_____

_____

_____

_____

_____

_____

_____

_____

Declaraciones de vida para la mujer

ES HORA DE LEVANTARME

"Jesús le dijo: Levántate, toma tu lecho, y anda. Y al instante aquel hombre fue sanado, y tomó su lecho, y anduvo. Y era día de reposo aquel día". —Juan 5:8-9

ESTE VERSO NOS narra el final que todo enfermo quiere experimentar, la sanidad de su enfermedad. Pero hay dos factores importantes en este suceso: La palabra "levántate" significa "ACCIONA", lo que el enfermo no era capaz de hacer, literalmente lo logró a través de la fe que recibió por la palabra declarada. El segundo factor es "RECOGER" la evidencia para llevarla contigo como testimonio para que otros experimenten el poder de Dios en su vida a través de la fe.

Declaración de hoy
DECLARO levantarme.

DECLARO tomar acción

DECLARO recoger mi evidencia.

DECLARO alcanzar a otros con mi testimonio de fe.

Herramientas:
¿Por qué debo levantarme?

+ Debes levantarte porque nadie nació para quedarse en el piso.

+ Una caída no significa el final de todo.

+ Si Dios prometió levantarte es porque estaba consciente de tus futuras caídas.

¿Cuál es mi evidencia y por qué debo llevarla conmigo?

+ Tu evidencia son tus cicatrices.

+ Tus cicatrices representan tu dolor mas no tu derrota.

+ Llevar tu evidencia contigo es contar tu testimonio a todo aquel que la note.

Alcanzando a otros con tu testimonio.

+ Tu testimonio no es tu vergüenza, es tu propósito.
+ Tu testimonio puede ser la dosis de fe que otro necesite.
+ Tu testimonio glorifica las obras de tu padre, no te quedes callada.

RECUERDA:

¡Tu cicatriz no es tu vergüenza, es tu testimonio!

CREO, CONFÍO Y PROCLAMO LO SIGUIENTE:

_____

_____

_____

_____

_____

_____

_____

_____

_____

_____

_____

_____

_____

_____

_____

DECLARACIONES DE VIDA PARA LA MUJER

HACIENDO EL BIEN SIN IMPORTAR LA CIRCUNSTANCIA

"Y Jesús les respondió: Mi Padre hasta ahora trabaja, y yo trabajo". —Juan 5:17

JESÚS ES NUESTRO modelo a seguir. Usualmente los seres humanos reaccionamos y actuamos de acuerdo a los estímulos y respuestas de otros, pero Dios no es un Dios voluble que cambia de acuerdo a las situaciones. Él constantemente hace el bien y ese debe ser nuestro patrón de vida, el ejemplo que debemos dejar a las próximas generaciones.

Declaración de hoy

DECLARO que haré el bien constantemente.

DECLARO que mantendré mi buena posición ante cualquier circunstancia.

DECLARO que seguiré el ejemplo de mi Padre celestial.

DECLARO que haré el bien sin esperar nada a cambio.

Herramientas:

¿Cómo puedo hacer el bien constantemente?

- Ayuda a tu prójimo cuando se encuentre en necesidad.
- Nunca ayudes esperando nada a cambio.
- Envuelve a tu familia a hacer buenas obras en tu comunidad o iglesia.

Mantén una buena posición:

- No pierdas los estribos, es mejor mantener la calma que perder tu buen testimonio.
- Actúa con nobleza de corazón.
- Las peleas, disensiones, divisiones solo crean malos ratos, no dejes que ellos dominen el momento.

Sigue el ejemplo de Cristo:

- ✦ Sé mansa. La mansedumbre es la docilidad de tu carácter, ella te hará flexible.

- ✦ Sé humilde. La humildad mantiene los pies sobre la tierra, ella siempre te recordará quién eres y de dónde saliste.

- ✦ Sirve con amor. Porque el amor "TODO" lo puede y lo "SOPORTA".

RECUERDA:

El bien no es el reflejo de tus buenas obras, es el reflejo de tu carácter.

CREO, CONFÍO Y PROCLAMO LO SIGUIENTE:

_____

_____

_____

_____

_____

_____

_____

_____

_____

_____

_____

_____

_____

_____

DESEAR EL PAN DE VIDA

"Yo soy el pan de vida. Vuestros padres comieron el maná en el desierto, y murieron. Este es el pan que desciende del cielo, para que el que de él come, no muera. Yo soy el pan vivo que descendió del cielo; si alguno comiere de este pan, vivirá para siempre; y el pan que yo daré es mi carne, la cual yo daré por la vida del mundo". –Juan 6:48-51

L A PALABRA EXPLICA de dónde viene la fuente alimenticia espiritual de un individuo para no morir de hambre. El ejemplo del pan terrenal como alimento perecedero a corto plazo nos enseña que está hecho con ingredientes que alteran su naturaleza nutricional causándonos una llenura provisional que no sacia por largo tiempo. Pero Jesús, al compararse con el verdadero pan, demuestra una llenura absoluta y duradera para todo aquel que lo come.

Declaración de hoy

DECLARO buscar comer el pan de vida.

DECLARO a Jesús como mi alimento diario.

DECLARO compartir a Jesús como el pan de vida.

DECLARO no afanarme por buscar el pan que perece.

Herramientas:

Cómo buscar a Dios como Pan de vida:

+ Haciendo sus obras.

+ En oración, el hambre despierta en ti las ganas de buscar su rostro.

+ Leyendo su Palabra entenderás más tu propósito.

Compartiendo a Jesús como un alimento:

+ Abre tu casa como un comedor de la Palabra de Dios.

+ Testifica en todo lugar lo que Dios ha hecho en tu vida, recuerda que puede haber personas hambrientas de Dios alrededor tuyo.

+ No desperdicies las oportunidades de evangelizar. ¡Usa tus recursos!

Deja el afán por lo terrenal.

+ No vivas para trabajar, trabaja para vivir.
+ No es malo superarse, pero es malo desesperarse por lo que aún no hemos obtenido.
+ Sé fiel a Dios y él se encargará de ser fiel a ti con sus bendiciones.

RECUERDA:

La desnutrición espiritual comienza cuando no vemos a Dios como el pan de cada día.

CREO, CONFÍO Y PROCLAMO LO SIGUIENTE:

_____

_____

_____

_____

_____

_____

_____

_____

_____

_____

_____

_____

_____

Declaración #77
LO QUE ME DA VIDA

"El espíritu es el que da vida; la carne para nada aprovecha; las palabras que yo os he hablado son espíritu y son vida". –Juan 6:63

TODO LO QUE está posicionado en el espíritu es verdadero y trae consigo vida. Es por ello que la Palabra de Dios ofrece eternidad. Pero la fe que posicionas en las palabras de un mortal, es perecedera y temporal; puede irse en cualquier momento y nos causará dolor, tristeza y pérdida.

Declaración de hoy:
  DECLARO el espíritu de vida en mí.
  DECLARO las palabras de Dios sobre mi vida.
  DECLARO actuar y vivir en la Palabra.
  DECLARO creer la Palabra.

Herramientas:
Como actúa el Espíritu de vida en ti:

+ Te redarguye y te hace recapacitar.

+ Te guía a tomar la decisión correcta.

+ Cuando el Espíritu de vida sopló en Adán, este se convirtió en un ser viviente; es decir en un ser con propósito.

Cree la Palabra de Dios sobre tu vida:

+ Declara diariamente lo que crees en la Palabra. Por ejemplo: "Todo lo puedes en Cristo que te fortalece".

+ Cuando el diablo ponga cosas negativas en tu mente, recuerda que él es un mentiroso. Busca el antónimo (lo opuesto) de sus palabras. Por ejemplo: Fea- Bella, Perdedora-Ganadora, Derrotada-Victoriosa, etc.

+ Cuando te sientas morir por alguna circunstancia difícil, lee la Palabra. ¡Ella es vida!

Actúa y vive la Palabra:

+ Obedece la Palabra, actuando.
+ Si la Palabra te dice "levántate", ¡hazlo!
+ Vivir la Palabra es testificar el poder de Dios a través de tus acciones.

RECUERDA:

La Palabra no es para repetirla, ¡es para vivirla!

CREO, CONFÍO Y PROCLAMO LO SIGUIENTE:

_____

_____

_____

_____

_____

_____

_____

_____

_____

_____

_____

_____

_____

_____

FLUYE AGUA VIVA DENTRO DE MÍ

"En el último y gran día de la fiesta, Jesús se puso en pie y alzó la voz, diciendo: Si alguno tiene sed, venga a mí y beba. El que cree en mí, como dice la Escritura, de su interior correrán ríos de agua viva". —Juan 7:37-38

Todos pueden sufrir una deshidratación espiritual. Al decir que él es la fuente de agua viva, Jesús te hace una invitación para beber y así poder experimentar un fluir de aguas dentro de tu ser, como los torrentes de un río vivo que fluye con continuidad.

Declaración de hoy:
DECLARO beber agua del río de Dios.
DECLARO ríos de agua viva dentro de mí.
DECLARO aceptar la invitación de ir a la fuente de vida.
DECLARO cancelar toda sed espiritual.

Herramientas:
¿Qué significa beber agua espiritual?

+ Así como el agua natural te mantiene hidratada, de esa misma manera tu relación con Dios te mantendrá hidratada.

+ Ser partícipe de las cosas espirituales es una manera de beber agua. Ejemplo: Ayunar, orar, hacer vigilia, etc.

+ Vivir con gozo y agradecimiento a pesar de las circunstancias, es fluir como un río.

Acepta la invitación:

+ Dios no desea que vivas una vida llena de temor y fracasos. Acepta los retos para creer más.

+ Procura producir los frutos del espíritu.

+ Vive para servir, eso te dará la oportunidad de sentirte productiva.

Síntomas de sed espiritual:

+ Apatía: Todo te da igual, nada te llama la atención y nunca haces nada para que las cosas sucedan.

+ Falta de interés: Ya nada llama tu atención.

+ Perder la pasión: Trabajar para Dios por compromiso y no por alegría y agradecimiento.

Recuerda:

La sed física siempre se calma con un vaso de agua, pero la sed espiritual se calma solo con una fuente.

Creo, confío y proclamo lo siguiente:

_____

_____

_____

_____

_____

_____

_____

_____

_____

_____

_____

_____

_____

_____

NO SOY NADIE PARA ARROJAR LA PRIMERA PIEDRA

"Y como insistieran en preguntarle, se enderezó y les dijo: El que de vosotros esté sin pecado sea el primero en arrojar la piedra contra ella. (...) Pero ellos, al oír esto, acusados por su conciencia, salían uno a uno, comenzando desde los más viejos hasta los postreros; y quedó solo Jesús, y la mujer que estaba en medio". —Juan 8:7,9

CON ESTAS PALABRAS Jesús les recordó tanto al más viejo como al más joven, que todos pecamos de diferentes maneras, que nadie está exento de cometer un error y por lo tanto no se debe juzgar a nadie.

Declaración de hoy:

DECLARO cancelar todo juicio que he hecho bajo ignorancia.
DECLARO no juzgar.
DECLARO misericordia sobre mi vida y la vida de mi prójimo.
DECLARO examinar diariamente mi conciencia.

Herramientas:

Cómo cancelar los juicios hechos bajo ignorancia.

+ Pide perdón, de esa manera te librarás de un gran peso.

+ Limpia el nombre de la persona que has ensuciado por ignorancia.

+ Ora por aquella persona que ha fallado. Ella necesita levantarse.

Cómo evitar juzgar a los demás:

+ No hables más de la cuenta.

+ No saques tus propias conclusiones.

+ Ponte en los zapatos de otros.

Examínate diariamente:

+ Reconoce tus debilidades, nadie es perfecto.

+ Recuerda las veces que tú también has caído.

+ Piensa, cómo te gustaría que te trataran a la hora de tu error.

RECUERDA:

El error siempre tendrá un turno para ti.

CREO, CONFÍO Y PROCLAMO LO SIGUIENTE:

_____

_____

_____

_____

_____

_____

_____

_____

_____

_____

_____

_____

_____

_____

_____

_____

_____

_____

DECLARACIONES DE VIDA PARA LA MUJER

Declaración #80
EL PODER DE DIOS DEBE MANIFESTARSE EN MI VIDA

"Y le preguntaron sus discípulos, diciendo: Rabí, ¿quién pecó, éste o sus padres, para que haya nacido ciego? Respondió Jesús: No es que pecó éste, ni sus padres, sino para que las obras de Dios se manifiesten en él". –Juan 9:2-3

MUCHOS TIENDEN A analizar tu vida de acuerdo a tu estatus social, emocional, físico, financiero etc. Concluyendo que cuando estás bien en todas estas áreas, estás bendecido, y cuando estás mal, estás acarreando una maldición. Jesús fue directo al aclarar que hay circunstancias en tu vida que son necesarias para que Dios se manifieste y tú te transformes en un testimonio vivo de su poder.

Declaración de hoy:
DECLARO el poder de Dios en tu vida.

DECLARO la manifestación de Dios presente en todo lo que hagas.

DECLARO propósito sobre toda circunstancia.

DECLARO victoria en cualquier estatus de mi vida.

Herramientas:
Declarar el poder de Dios en tu vida:

+ Poder es la habilidad de actuar, si Dios está en ti, actúa confiadamente.

+ La oración te empodera.

+ El poder te da autoridad, no la pierdas.

Hay propósito en cada circunstancia:

+ No te quejes de lo que pase, Dios te está puliendo.

+ A los que aman a Dios todas las cosas le ayudan a bien.

+ Un mal rato no es una maldición, cree siempre que Dios tiene algo mejor para ti.

Declara victoria en cualquier época:

+ Declarar es manifestar acción con tus palabras.
+ Haz alianza con personas que te ayuden a alcanzar tu meta.
+ Prepárate para declarar que sí puedes hacerlo, que este es tu tiempo y que tú eres la persona correcta para hacerlo.

RECUERDA:

La belleza del poder de Dios se manifiesta en lo más feo de tus circunstancias.

CREO, CONFÍO Y PROCLAMO LO SIGUIENTE:

_____

_____

_____

_____

_____

_____

_____

_____

_____

_____

_____

_____

_____

DEBO REMOVER LA PIEDRA

"Dijo Jesús: Quitad la piedra. Marta, la hermana del que había muerto, le dijo: Señor, hiede ya, porque es de cuatro días. Jesús le dijo: ¿No te he dicho que si crees, verás la gloria de Dios?". —Juan 11:39-40

MUCHAS VECES LO que nos separa de ver la gloria de Dios es una piedra. El ser humano vive agobiado en sus propios problemas porque su mismo ego no lo deja remover sus piedras. Todos sabemos que para Dios no hay nada imposible, pero él nunca moverá la piedra por ti. ¡Es tu trabajo removerla!

Declaración de hoy:

DECLARO remover toda piedra de mi vida.

DECLARO ver la gloria de Dios.

DECLARO creer en lo que Dios ya tiene para mí.

DECLARO hacer mi parte para que Dios haga la de él.

Herramientas:

Remover piedras:

+ Comienza por entender qué es lo que te separa de ver la gloria de Dios en tu vida.

+ Remueve de tu vida todo aquello que te separa de creer.

+ Quita todo lo que te causa dolor en tu vida.

Para ver la gloria de Dios debes:

+ Apasionarte por su búsqueda.

+ Orar insistentemente.

+ Vivir por fe, no por vista.

Hacer tu parte significa:

+ Actuar, todo tiene un precio.

+ Tomar decisiones con responsabilidad.

+ Sacrificar tiempo, dinero y esfuerzo.

RECUERDA:

Si la piedra está en el medio, no podrás ver la gloria.

CREO, CONFÍO Y PROCLAMO LO SIGUIENTE:

_____

_____

_____

_____

_____

_____

_____

_____

_____

_____

_____

_____

_____

_____

_____

_____

_____

_____

_____

_____

_____

_____

_____

DECLARACIONES DE VIDA PARA LA MUJER

Declaración #82

DECIDO DESOBEDECER MI NATURALEZA PECAMINOSA

"Para que la justicia de la ley se cumpliese en nosotros, que no andamos conforme a la carne, sino conforme al Espíritu". —Romanos 8:4

E L ESPÍRITU PUEDE guiarnos a todo bien si nos negamos a conducirnos en nuestra antigua y desordenada manera de vivir que estaba dominada por el pecado solo para complacer los gustos de nuestra carne. Cuando decides desobedecer tu naturaleza pecaminosa, obedeces tu naturaleza espiritual.

Declaración de hoy:

DECLARO desobedecer mi naturaleza pecaminosa.
DECLARO obedecer mi naturaleza espiritual.
DECLARO no complacer mi carne.
DECLARO cumplir la ley de Dios.

Herramientas:

¿Cómo desobedecer tu naturaleza pecaminosa?

+ Pelea con tus viejos hábitos de pecado.

+ Cambia tu círculo de amistades que te incitan a hacer el mal.

+ Aprende a conocer tus debilidades para que no te acerques a ellas.

¿Cómo obedecer mi naturaleza espiritual?

+ Alimenta hábitos espirituales diariamente, recuerda que el espíritu siempre está dispuesto.

+ Recuerda tomar una dosis diaria de oración, ayuno y lectura de la Palabra de Dios.

+ El espíritu no hace cosas carnales, no te confundas.

¿Cómo cumplo con la Ley de Dios?

- Guardando sus mandamientos.
- Alimentado el Espíritu
- Negándote a pecar constantemente.

RECUERDA:

Cuando derroto mi naturaleza humana, conquisto mi naturaleza espiritual.

CREO, CONFÍO Y PROCLAMO LO SIGUIENTE:

_____

_____

_____

_____

_____

_____

_____

_____

_____

_____

_____

_____

_____

_____

_____

_____

_____

Declaración #83

NO HAY EXCUSAS PARA DEJAR DE AMAR A DIOS

"Por lo cual estoy seguro de que ni la muerte, ni la vida, ni ángeles, ni principados, ni potestades, ni lo presente, ni lo por venir, ni lo alto, ni lo profundo, ni ninguna otra cosa creada nos podrá separar del amor de Dios, que es en Cristo Jesús Señor nuestro". —Romanos 8:38-39

E L CONVENCIMIENTO QUE debe tener una persona para no alejarse del amor de Dios es fuerte. Si exploras el mundo completo para conseguir una excusa que justifique aislarte del amor de Dios, verás que tendrás más las razones para amarlo que para ignorarlo. Dios, al haberse dado así mismo, dejó más en claro su amor por ti y por mí, que su amor propio.

Declaración de hoy:

DECLARO apartar toda excusa de mi vida.
DECLARO amar a Dios por encima de todo.
DECLARO tener suficientes razones para amar y servir a Dios.
DECLARO que nada me apartará del amor de Dios.

Herramientas:

Apartando las excusas:

+ Deja de alimentar todas tus excusas, tus acciones las harán morir de hambre.

+ No hay excusas grandes o pequeñas. No inventes un tamaño para justificarte.

+ Las excusas son solo pretextos para no actuar.

Amando a Dios por encima de todo:

+ Pon en orden tus prioridades espirituales.

+ Si no hablas con Dios diariamente, no estás interesado en que Él ocupe el primer puesto.

+ Amor es relación, si no lo cultivas, no crece, y si no crece, muere.

Razones para amar y servir a Dios:

+ Enumera tus razones.
+ En cada problema hay una solución, y la solución te dará una razón.
+ Si no vives para servir, no sirves para vivir. ¡Sirve!

RECUERDA:

Si la cruz no te dio suficientes razones, puede que encuentres una razón en el sepulcro.

CREO, CONFÍO Y PROCLAMO LO SIGUIENTE:

_____

_____

_____

_____

_____

_____

_____

_____

_____

_____

_____

_____

_____

_____

_____

_____

Declaración #84

MI SALVACIÓN ESTÁ MÁS CERCA DE LO QUE PIENSO

"Pero la justicia que es por la fe dice así: No digas en tu corazón: ¿Quién subirá al cielo? (esto es, para traer abajo a Cristo); o, ¿quién descenderá al abismo? (esto es, para hacer subir a Cristo de entre los muertos). Mas ¿qué dice? Cerca de ti está la palabra, en tu boca y en tu corazón. Esta es la palabra de fe que predicamos: que si confesares con tu boca que Jesús es el Señor, y creyeres en tu corazón que Dios le levantó de los muertos, serás salvo". —Romanos 10:6-9

LA SALVACIÓN DE Dios está más cerca de lo que tú y yo pensamos, solo basta una declaración para obtenerla. El problema, como dice el famoso dicho, "Tan cerca, y tan lejos", es que cuando tenemos algo tan preciado que está tan cerca de nosotros, lo damos por común, perdiendo así el verdadero sentido de apreciación. Con esa actitud lo único que hacemos es alejarnos de ello.

Declaración de hoy:

DECLARO confiar en Cristo y en lo que predico.

DECLARO estar al alcance de mi salvación.

DECLARO con mis labios que Jesús es mi Señor.

DECLARO creer con el corazón.

Herramientas:

Cuando decido confiar debo:

+ Disipar toda duda.

+ Enfocarme en resolver un problema a la vez.

+ Buscar la solución más realista de acuerdo a mi necesidad.

Dios está al alcance de todos:

+ Búscalo en oración.

+ Lee su Palabra.

+ Activa tu fe.

Hay poder en la confesión. ¡Abre tu boca!

+ Cuando confiesas que Dios existe, lo estás glorificando.
+ Cuando confiesas fe, lo estás agradando.
+ Cuando confiesas creer, recibes.

RECUERDA:

Declarar y creer, alteran el resultado de tu vida.

CREO, CONFÍO Y PROCLAMO LO SIGUIENTE:

_____

_____

_____

_____

_____

_____

_____

_____

_____

_____

_____

_____

_____

_____

_____

_____

LAS TRES DIRECCIONES DEL AMOR

"El amor es sufrido, es benigno; el amor no tiene envidia, el amor no es jactancioso, no se envanece; no hace nada indebido, no busca lo suyo, no se irrita, no guarda rencor; no se goza de la injusticia, mas se goza de la verdad". –1 Corintios 13:4-6

EL AMOR TIENE tres direcciones importantes para cumplir su propósito en nuestra vida. La primera dirección es "hacia arriba", porque allí habla de toda la plenitud de Dios. Ese es el amor "AGAPE", amor sin condición. La segunda dirección es "hacia adentro", porque allí es lo que Dios ha sembrado en nosotros. Este es el amor propio, que es la consideración y la estima que sientes por ti misma. Si te amas a ti misma, puedes ser capaz de amar a los demás. La tercera dirección es "hacia los demás", porque que ese es el reflejo del amor de Dios en nosotros. Este es el amor "PHILIA", amor de hermandad.

Declaración de hoy:
DECLARO las tres direcciones del amor en mi vida.
DECLARO la manifestación del fruto del amor en mí.
DECLARO que reina el amor en mi familia.
DECLARO ser guiada por el amor.

Herramientas:
Cultivaré las tres direcciones del amor en mí:

+ Cuando tu relación con Dios crece por medio de la oración, crece el amor ágape para ti.
+ Cuando aprendes a valorarte a ti misma, estás amando la obra de Dios.
+ Cuando amas a los demás como a ti mismo, estás cumpliendo con uno de los primeros mandamientos.

Vivir para amar:

- El amor se cultiva, puedes comenzar sembrando pequeños detalles hacia otros.
- No dejes morir el amor, mantenlo encendido.
- Servir a otros es una muestra de amor.

Honestidad en el amor:

- No existe amor falso y deshonesto.
- El amor siempre habla con la verdad, aunque a veces duela.
- El amor tiene un lenguaje delicado, aprende a usarlo.

RECUERDA:

Si te encuentras perdido en la vida, tienes tres direcciones. Si decides tomar la de arriba, las otras dos te encontrarán a ti.

CREO, CONFÍO Y PROCLAMO LO SIGUIENTE:

_____

_____

_____

_____

_____

_____

_____

_____

_____

_____

_____

HOY QUIERO DAR BUENAS NOTICIAS

"¿Y cómo predicarán si no fueren enviados? Como está escrito: ¡Cuán hermosos son los pies de los que anuncian la paz, de los que anuncian buenas nuevas!". —Romanos 10:15

RECIBE UNA GRAN bendición la persona que decide compartir el mensaje de Jesucristo con otros. Pregonar el Evangelio es difundir esperanza y cuando te haces partícipe de ello, te conviertes automáticamente en un conducto que provee esperanza y tus pies pasan a ser hermosos en el camino del Evangelio.

Declaración de hoy:
DECLARO difundir las buenas nuevas de salvación.
DECLARO bendición a mi vida por pregonar el Evangelio.
DECLARO ser partícipe de la difusión del Evangelio.
DECLARO mis pies hermosos en la proclamación del Evangelio.

Herramientas:
¿Cómo compartir las buenas nuevas del Evangelio de Jesús a los no creyentes?

+ Comienza por compartir lo que Dios ha hecho en tu vida y en la de los tuyos.
+ Una persona en problemas siempre está buscando una solución. ¡Preséntales a Jesús!
+ Sintiéndote como un proveedor de esperanza.

Si no eres muy experto predicando, debes:

+ Compartir lo que Dios ha hecho en tu vida. Solo necesitas contar tus experiencias.
+ Sentir compasión por tu prójimo. Hay muchos que están peor que tú.
+ Nunca discutas una religión, enfócate en que la persona comience una relación con su Creador.

¿Cómo obtener esa bendición?

+ Abriendo tu boca para compartir el mensaje.
+ Abriendo tu casa como una fuente proveedora de esperanza.
+ Contando lo que Dios ha hecho en tu vida.

RECUERDA:

Cada vez que hablas de Jesús, tus pies se vuelven más hermosos.

CREO, CONFÍO Y PROCLAMO LO SIGUIENTE:

_____

_____

_____

_____

_____

_____

_____

_____

_____

_____

_____

_____

_____

_____

Declaración #87
QUIERO SER UN SACRIFICIO VIVO Y SANTO

"Así que, hermanos, os ruego por las misericordias de Dios, que presentéis vuestros cuerpos en sacrificio vivo, santo, agradable a Dios, que es vuestro culto racional". —Romanos 12:1

HAY UN PRECIO que pagar para ser aceptados delante de Dios como sacrificios vivos y santos. Permíteme hablarte de tres precios importantes en un sacrificio. 1- El primer precio es obedecer. Para Dios es más importante tu obediencia que tu sacrificio. 2- El segundo precio es confiar. Nadie pone algo frágil en las manos de quien no lo puede cuidar. 3- El tercer precio es amar. Nadie es capaz de sacrificar nada si no hay amor.

Estos tres pasos son señales de que estás viva, pero actuar sobre ellos te permite llegar a una genuina santidad.

Declaración de hoy:
DECLARO ser un sacrificio vivo y santo para agradar a Dios.
DECLARO obedecer para ser aceptado.
DECLARO confiar para ser liberado.
DECLARO amar para ser justificado.

Herramientas:
Los sacrificios tienen un precio y debes obedecer:

+ Comienza por obedecer los mandamientos de Dios.

+ Quita de tu vida esas relaciones, amistades, ocupaciones etc., que te impiden obedecer a Dios.

+ Obedecer no es una opción. Debes estar dispuesta a hacerlo aun en contra de tus deseos.

Los sacrificios tienen un precio y debes confiar:

+ Comienza creyendo en las promesas de Dios.

+ Declara con tu boca la promesa de la que te quieres tomar ese día.

- No negocies con tus ojos, no creemos por vista.

Los sacrificios tienen un precio y debes amar:

- Recuerda que el amor todo lo puede.
- No puedes conquistar lo que no amas.
- Mientras más amas, más te aferras, y mientras más te aferras, más lo consigues.

RECUERDA:

A la hora del sacrificio, obedecer, confiar y amar, no son tres valores, son tres precios muy costosos que hay que pagar.

CREO, CONFÍO Y PROCLAMO LO SIGUIENTE:

_____

_____

_____

_____

_____

_____

_____

_____

_____

_____

_____

_____

_____

MI CONDUCTA HABLA MÁS DE MÍ

"No os conforméis a este siglo, sino transformaos por medio de la renovación de vuestro entendimiento, para que comprobéis cuál sea la buena voluntad de Dios, agradable y perfecta". —Romanos 12:2

NUESTRA CONDUCTA Y acciones son el reflejo de lo que imitamos. Todo individuo queda al descubierto por las acciones de su conducta. Cuando la Palabra de Dios nos recomienda no imitar las costumbres de este mundo, quiere decir que no obremos de acuerdo a las prácticas de este mundo, sino de acuerdo a nuestro nuevo nacimiento espiritual, dejando al descubierto que Dios tiene poder para transformar a cualquier individuo de sus malos caminos.

Declaración de hoy:
DECLARO no imitar el mundo y sus costumbres.

DECLARO ser una nueva persona en Cristo.

DECLARO que Cristo vive en mí.

DECLARO conducir mi vida de acuerdo a la Palabra de Dios.

Herramientas:
Las malas costumbres:

+ Te corrompen.

+ Te detienen para avanzar.

+ Llegan a ser imitadas por tus hijos.

Cómo dirigir tu vida con una nueva conducta:

+ Cuida tus palabras.

+ Cuida tus acciones en los momentos de presión. Allí es donde sale quién realmente eres.

+ No dejes que el viejo "TÚ" se apodere de ti otra vez.

Cuida tu entorno:

+ Escoge bien tus amistades, y cambia las que tengan malas costumbres.
+ No imites los malos hábitos de otros.
+ Sé un ejemplo de superación para otros.

RECUERDA:

Las malas costumbres no se pegan, ellas sólo persuaden hasta alcanzar su cometido.

CREO, CONFÍO Y PROCLAMO LO SIGUIENTE:

_____

_____

_____

_____

_____

_____

_____

_____

_____

_____

_____

_____

_____

Declaración #89
SOY PARTE DEL CUERPO DE CRISTO

"Porque de la manera que en un cuerpo tenemos muchos miembros, pero no todos los miembros tienen la misma función, así nosotros, siendo muchos, somos un cuerpo en Cristo, y todos miembros los unos de los otros". –Romanos 12:4-5

TODOS SOMOS PARTE del Cuerpo de Cristo. Ante el ejemplo de nuestro propio cuerpo aprendemos que todo miembro es necesario. Si pudieses pensar en el miembro más pequeño de tu cuerpo, ¿intentarías eliminarlo? De esta manera dice la Palabra que si tú faltas, el cuerpo estaría incompleto. Tanto los miembros grandes como los pequeños de nuestro cuerpo son necesarios para ayudarse mutuamente. Asimismo en el Cuerpo de Cristo nos necesitamos todos. ¡No subestimes a nadie!

Declaración de hoy:
DECLARO ser parte del Cuerpo de Cristo.

DECLARO que necesito de mi hermano, así como él me necesita a mí.

DECLARO desempeñar una función diferente en el Cuerpo de Cristo.

DECLARO que si no soy parte del cuerpo, el cuerpo de Cristo estará incompleto.

Herramientas:
Mis funciones en el Cuerpo de Cristo deben ser:

+ Obedecer.
+ Crecer.
+ Cuidar del resto de los miembros.

¿Cómo cuido el Cuerpo de Cristo?

+ Amando a mi prójimo.
+ Guardando mi corazón de toda amargura.
+ Alimentando cada día mi relación con Dios.

¿Qué pasa si el cuerpo queda incompleto?

+ Se debilita, cambia el aspecto, pierde belleza, funciona diferente etc. Así que: Cuídate y cuida los miembros que lo conforman.

+ Preocúpate por el resto de los miembros.

+ No trates de hacer la función de otro.

RECUERDA:

La buena función de los miembros de tu cuerpo indica qué tan saludable te encuentras.

CREO, CONFÍO Y PROCLAMO LO SIGUIENTE:

_____

_____

_____

_____

_____

_____

_____

_____

_____

_____

_____

_____

_____

_____

Declaración #90
EL AMOR NO PUEDE SER FINGIDO

"El amor sea sin fingimiento. Aborreced lo malo, seguid lo bueno". –Romanos 12:9

DIOS TIENE UN concepto muy claro del amor porque él es amor. Fingir o hacer creer que amamos no es aprobado por Dios. Es por ello que la recomendación es: "No finjas amar, ama de verdad". Fingir es la representación del engaño que llevan tus intenciones para manipular y esto es parte del mal; no estés de ese lado.

Declaración de hoy:
DECLARO amar de verdad.
DECLARO no fingir nada.
DECLARO estar del lado del bien.
DECLARO aborrecer lo malo.

Herramientas:
¿Qué pasa cuando trato de fingir amar a los demás?

+ No hay bendición en el fingimiento.
+ Fingir es mentir, habla con la verdad.
+ Cuando los demás descubren que estas fingiendo, se alejan de ti.

¿Cómo puedo amar de verdad?

+ Dios es amor. Si lees su Palabra aprenderás el ejemplo que él mismo nos dejó.
+ Sirviendo a aquellos que no pueden recompensarte.
+ En el amor no hay temor, si tienes miedo no es amor.

Aborrece lo malo:

+ No engañes a nadie.
+ Actúa siempre con la verdad, aunque duela por un momento.

179

+ Si no es legal, no es de Dios.

RECUERDA:

Fingir que amas solo te llevará a recoger una cosecha tan agria, que la única persona que se la tendrá que comer serás tú.

CREO, CONFÍO Y PROCLAMO LO SIGUIENTE:

_____

_____

_____

_____

_____

_____

_____

_____

_____

_____

_____

_____

_____

_____

_____

_____

_____

_____

_____

DECLARACIONES DE VIDA PARA LA MUJER

Declaración #91
ME REGOCIJARÉ EN SUS PLANES

"Gozosos en la esperanza; sufridos en la tribulación; constantes en la oración". —Romanos 12:12

DEBEMOS ESTAR ALEGRES por los planes que Dios trazó para nosotros. Sin embargo, es importante destacar dos factores fundamentales en la jornada de la espera. 1- Paciencia en el sufrimiento. Porque el sufrimiento es como un trampolín, mientras más alto lo brinques, más lejos te lleva, y la paciencia es para aumentar tu capacidad de resistencia. 2- Orar. La oración es la herramienta que acelera el proceso de la espera. Entonces esta recomendación sería algo como: La persistencia derrota la resistencia.

Declaración de hoy:

DECLARO regocijarme en los planes que Dios hizo para mí.
DECLARO que tendré paciencia para esperar lo que viene.
DECLARO que oraré sin cesar para acelerar mi tiempo.
DECLARO propósito en todo plan de mi vida.

Herramientas:

¿Cómo regocijarme en los planes de Dios?

+ Debo mantener una actitud positiva.
+ Debo confiar que lo que Dios permite en mi vida tiene un propósito.
+ Debo cantar, alegrarme y dar gracias a Dios por lo que hará en mí.

Paciencia es:

+ No desesperarte en el tiempo de la prueba.
+ No dejar de buscar soluciones.
+ La capacidad de soportar la circunstancia con fortaleza.

181

¿Por qué no debo de dejar de orar?

+ Porque la oración te acerca a Dios.
+ Porque la oración no te deja caer en tentación.
+ Porque la oración te da fortaleza para resistir el proceso.

RECUERDA:

La paciencia es necesaria para aprender a llegar con propósito a la meta.

CREO, CONFÍO Y PROCLAMO LO SIGUIENTE:

_____

_____

_____

_____

_____

_____

_____

_____

_____

_____

_____

_____

_____

_____

ESTAR EN PAZ CON TODOS, ES MEJOR

"No paguéis a nadie mal por mal; procurad lo bueno delante de todos los hombres. Si es posible, en cuanto dependa de vosotros, estad en paz con todos los hombres". —Romanos 12:17-18

DIOS ES AMANTE de la paz. Estar en paz con todos significa cambiar el sistema, no el clima. Es decir, no podrás estar de acuerdo con sus opiniones pero sí es necesario el acuerdo para mantener una atmósfera en armonía. Pagar mal por mal es dejarse dominar por la sed de venganza y esta solo trae amargura y pérdida de tiempo.

Declaración de hoy:
DECLARO estar en paz con todos.

DECLARO que pagaré bien por mal.

DECLARO cancelar mi sed de venganza.

DECLARO armonía en mi hogar, en mi trabajo, en mi vecindario y en todo lugar que yo vaya.

Herramientas:
¿Cómo estar en paz con los demás?

+ No entres en argumentos sin base.

+ Que otro no comparta tu opinión no es motivo para entrar en guerra.

+ Siempre recibirás lo que siembras, procura cultivar la paz.

¿Qué es pagar bien por mal?

+ Es dar sin esperar nada a cambio.

+ Cuando alguien te pague mal no dudes en hacerle un bien. ¡Los sorprenderás!

+ La blanda respuesta quita el enojo, responde con suavidad.

No pienses en la venganza porque ella:

+ Trae ruina.

- Te quita energías.
- Construye resentimientos en ti.

Recuerda:

El ego no necesita otra guerra para ganar.

Creo, confío y proclamo lo siguiente:

_____

_____

_____

_____

_____

_____

_____

_____

_____

_____

_____

_____

_____

_____

_____

_____

_____

EL AMOR NO HACE MAL

*"El amor no hace mal al prójimo; así que el cumplimiento
de la ley es el amor". —Romanos 13:10*

ESTE VERSO NOS explica lo esencial que es el amor ante los ojos de
Dios, pues no podemos pretender ganarnos la aprobación divina
cumpliendo leyes impuestas por hombres que quebranten el principio de lo que verdaderamente es la ley de Dios: "Amar con la misma
intensidad que él nos amó".

Declaración de hoy:
DECLARO amar.
DECLARO satisfacer las demandas de Dios.
DECLARO el amor de Dios en mi vida.
DECLARO el amor como mi única ley.

Herramientas:
¿Cómo comienza el amor?

+ Teniendo a Dios en el corazón.

+ Sin malas intenciones.

+ Trabajándolo con detalles.

¿Qué pide Dios de mí?

+ Tu corazón

+ Amarlo con todo tu ser, tu mente, tu alma y tu corazón.

+ Que ames a tu prójimo.

¿Cómo hago del amor mi única ley?

+ Cuando te riges solo por ella, ama aunque no te amen.

+ Cuando la vuelves una regla en ti. Paga bien por mal.

+ Cuando el amor tiene más poder que tú.

RECUERDA:

Cuando el amor tiene más poder que tú, las malas intenciones se mueren de hambre.

CREO, CONFÍO Y PROCLAMO LO SIGUIENTE:

_____

_____

_____

_____

_____

_____

_____

_____

_____

_____

_____

_____

_____

_____

_____

_____

_____

Declaración #94
CORRIENDO PARA GANAR

"¿No sabéis que los que corren en el estadio, todos a la verdad corren, pero uno solo se lleva el premio? Corred de tal manera que lo obtengáis". —1 Corintios 9:24

LA DIFERENCIA ENTRE correr en una carrera humana y correr la carrera espiritual es el premio. Si alguna vez has competido por un premio, tu enfoque es llevarte el premio a casa, pero en la carrera espiritual se debe correr para ganar. La pregunta es: ¿Qué ganaré? Cuando corres según los estatutos de Dios, ganas por todos lados, no solo materialmente sino también ganarás la salvación de tu alma. Así que sigue corriendo para ganarla, porque el premio no es solamente para una persona sino para todas aquellas que consigan ganar.

Declaración de hoy:
DECLARO correr para ganar.
DECLARO ganar mi premio.
DECLARO victoria en mi carrera.
DECLARO fuerzas en mi vida para seguir corriendo.

Herramientas:
¿Quiénes deben correr?

+ Todos.
+ Asegúrate que tu familia sea parte de esta carrera.
+ Anima a tus amigos, conocidos y aún no conocidos, a participar de esta carrera. Tal vez te sorprendan muchos que tienen ganas de correr esta carrera, pero no se animan a hacerlo solos.

¿Por qué debo correr para ganar?

+ Porque es la única manera de alcanzar tu salvación.
+ Porque habrá obstáculos que te desanimen y los tienes que enfrentar para vencerlos.
+ Porque Dios premia al que se esfuerza.

¿Cuál es el premio?

+ Tu salvación.

+ La preservación de tu alma.

+ Una corona incorruptible.

RECUERDA:

La carrera espiritual es para ganarla, no para competir con tu compañero.

CREO, CONFÍO Y PROCLAMO LO SIGUIENTE:

_____

_____

_____

_____

_____

_____

_____

_____

_____

_____

_____

_____

_____

_____

_____

DECLARACIONES DE VIDA PARA LA MUJER

Declaración #95
CAMINA CON CUIDADO

"¿Así que, el que piensa estar firme, mire que no caiga". —1 Corintios 10:12

CUMPLIR CON LOS mandatos de Dios, amar a nuestro prójimo como a nosotros mismos, ir a una iglesia todos los domingos y honrar a Dios con todos nuestros bienes, no nos da la garantía de pensar que estamos tan firmes como para estar exentos de caer. El caminar espiritual requiere de muchos cuidados, como todo lo que nos rodea, pues mientras vivamos en un cuerpo imperfecto, en nuestra naturaleza humana, cualquier cosa puede suceder.

Declaración de hoy:

DECLARO tener cuidado en mi caminar con Dios.

DECLARO tener cuidado de no caer.

DECLARO que mi firmeza depende de Dios.

DECLARO estar alerta a todo lo que pueda hacerme caer.

Herramientas:

Los cuidados que debo tomar en mi caminar con Dios son:

+ Orar en todo tiempo.

+ No juzgar a nadie.

+ Tener misericordia del que cae.

¿Qué hacer cuando se cae?

+ Levantarse sin demoras.

+ Pedirle perdón a Dios.

+ Perdónate a ti mismo para aceptar la restauración de Dios en tu vida.

No juzgar:

+ No juzgues, mañana puedes ser tú.

+ Sé parte de la restauración de alguien.

+ Aprende que tus debilidades son diferentes a las debilidades de tu prójimo.

RECUERDA:

Creer estar firme es solo un escudo para esconder tus verdaderas debilidades.

CREO, CONFÍO Y PROCLAMO LO SIGUIENTE:

_____

_____

_____

_____

_____

_____

_____

_____

_____

_____

_____

_____

_____

_____

_____

_____

_____

_____

_____

_____

Declaración #96
CRISTO ES MI MEJOR FRAGANCIA

"Porque para Dios somos grato olor de Cristo en los que se salvan, y en los que se pierden". —2 Corintios 2:15

¿A QUÉ HUELEN NUESTRAS acciones cuando estamos frente a creyentes y no creyentes? Los creyentes estamos identificados con Cristo por medio de nuestra relación con él. Es por ello que experimentamos nuevo gozo en una nueva vida. Pero la fragancia es delatada o percibida de acuerdo a nuestro comportamiento según las diferentes circunstancias, personas y lugares que frecuentamos. Cada vez que surjan momentos comprometedores recuerda el perfume que llevas puesto. Si haces esto sabrás actuar bajo el espíritu de Dios y no bajo tus impulsos.

Declaración de hoy:
DECLARO tener a Dios en mi vida.
DECLARO llevar el perfume de Dios a cualquier lugar.
DECLARO ser de testimonio a los demás.
DECLARO alcanzar a otros con el perfume del Evangelio de Dios.

Herramientas:
¿Cuál es el perfume de Dios?

+ Cuando reflejas el amor de Dios hacia otros.
+ Cuando sirves, porque él vino para servir y no ser servido.
+ Cuando perdonas, la herramienta más poderosa pero más difícil de usar.

Beneficios de oler al perfume de Dios:

+ Las puertas comenzarán a abrirse.
+ Verás cambios en tu vida y en la de los tuyos.
+ Tendrás un avivamiento personal.

¿Cómo los demás notarán mi perfume?

+ Tus acciones predican sin usar tus palabras.
+ La gente sentirá curiosidad de preguntarte por esa fragancia.
+ Te convertirás en una bendición para otros.

RECUERDA:

Tu mejor perfume siempre será el que llevas puesto por dentro, porque ese es el perfume que los demás logran percibir.

CREO, CONFÍO Y PROCLAMO LO SIGUIENTE:

_____

_____

_____

_____

_____

_____

_____

_____

_____

_____

_____

_____

_____

_____

_____

_____

_____

_____

DERRIBADA MÁS NO DESTRUIDA

"Estamos atribulados en todo, mas no angustiados; en apuros, mas no desesperados; perseguidos, mas no desamparados; derribados, pero no destruidos". –2 Corintios 4:8-9

ATRAVESAMOS DISTINTOS TIPOS de circunstancias en nuestro diario vivir con todos los roles que desempeñamos. Hay situaciones que pueden entristecernos, derrumbarnos, preocuparnos; pero no son lo suficientemente fuertes como para destruirnos si no se lo permitimos. Toda esperanza es aniquilada, sólo cuando le damos el permiso. ¡Hoy puedo estar derribada, mas no destruida, me levantaré y comenzaré de nuevo!

Declaración de hoy:
DECLARO levantarme en el nombre de Jesús.
DECLARO que nada tiene el permiso para destruirme.
DECLARO empezar de nuevo si es necesario.
DECLARO que las circunstancias no afectarán mi fe.

Herramientas:
¿Cómo puedo preservar mi fe en medio de la prueba?

+ Confiando como nunca.
+ Estar activa en la oración.
+ Cambiado el ángulo para mirar las cosas. No mires lo negativo, mantente mirando el lado positivo.

¿Qué hacer cuando hay tristeza?

+ Canta alabanzas.
+ Da gracias.
+ Lee historias de la Biblia que te llenen de fe.

Pasos para levantarse:

+ No hables del problema, habla con Dios.

- Reconoce tus fallas y mejora esa área de tu vida. Nadie es perfecto.
- Búscale el propósito a la caída, puede que allí encuentres tu ministerio.

RECUERDA:

Todo lo fuerte se derrumba para volver a levantarse, pero todo lo débil vive en el piso.

CREO, CONFÍO Y PROCLAMO LO SIGUIENTE:

_____

_____

_____

_____

_____

_____

_____

_____

_____

_____

_____

_____

_____

_____

MI SIEMBRA DETERMINA MI COSECHA

"No os engañéis; Dios no puede ser burlado: pues todo lo que el hombre sembrare, eso también segará". –Gálatas 6:7

MUCHOS SON LOS resultados que todo individuo obtiene de sus propias decisiones. Cuando tenemos la valentía de caminar fuera de las leyes divinas, no quedamos inmunes ante las secuelas que el pecado deja en nosotros, y mucho menos recogeremos buenas cosechas de tal acción. Es importante que pensemos más en el fruto de la cosecha, porque ella determinará la semilla de tu siembra, o como dice el famoso dicho, el que sabe lo que siembra no le teme a su cosecha.

Declaración de hoy:

DECLARO sembrar frutos dignos de cosechar.
DECLARO obedecer a mi Padre celestial.
DECLARO no engañarme a mí misma.
DECLARO multiplicación de bien en mi cosecha.

Herramientas:

Semillas espirituales:

+ Procura sembrar los frutos del espíritu: Amor, gozo, paz, paciencia, benignidad, bondad, fe, mansedumbre y templanza.

Semillas terrenales:

+ Procura sembrar: Respeto, responsabilidad, comunicación, palabras adecuadas, ser decisivo, felicidad, tranquilidad, excelencia, generosidad, confianza etc.

¿Qué tipo de cosecha recibirás?

+ La que más hayas sembrado.
+ La que más consuma tu tiempo.

* La que tú decidas sembrar.

RECUERDA:

Tú eres el fabricante de tu propia semilla.

CREO, CONFÍO Y PROCLAMO LO SIGUIENTE:

_____

_____

_____

_____

_____

_____

_____

_____

_____

_____

_____

_____

_____

_____

_____

_____

_____

_____

_____

COSECHANDO BENDICIONES

"No nos cansemos, pues, de hacer bien; porque a su tiempo
segaremos, si no desmayamos". –Gálatas 6:9

HACER EL BIEN tiene una recompensa muy grande, pero hay un pequeño detalle, el bien no es un objeto que se usa y luego se desecha cuando lo terminamos de usar. Debemos hacer el bien como parte de nuestro estilo de vida, porque cuando nos detengamos de hacerlo, ese día paramos la siembra de la cosecha prometida por Dios: ¡Sus ricas bendiciones!

Declaración de hoy:

DECLARO hacer el bien.

DECLARO no cansarme de hacer el bien.

DECLARO no desmayar haciendo el bien.

DECLARO cosechar ricas bendiciones.

Herramientas:

¿Cómo hago el bien?

+ Sé sensible a la necesidad de tu prójimo.

+ Paga bien por mal.

+ Ten disponibilidad de ayudar en todo tiempo.

¿Cuándo desmayas haciendo el bien?

+ Cuando decides no ayudar más al que te ha pagado mal.

+ Cuando pones excusas para no ayudar.

+ Cuando te vuelves insensible a la necesidad de otro, solo porque tus necesidades no han sido atendidas en primer lugar.

Las ricas bendiciones de Dios son:

+ Las que no puedes palpar.

+ Oraciones escuchadas.

+ Dar de toda provisión terrenal adquirida.

RECUERDA:

Hacer el bien es el mejor vestido que debemos usar todos los días.

CREO, CONFÍO Y PROCLAMO LO SIGUIENTE:

_____

_____

_____

_____

_____

_____

_____

_____

_____

_____

_____

_____

_____

_____

_____

_____

_____

_____

_____

_____

_____

_____

_____

RECONOZCO QUE NO SOY PERFECTA

"Porque cada uno llevará su propia carga". —Gálatas 6:5

COMO HUMANOS ESTAMOS llenos de faltas y debemos cargar con ellas. Esto no quiere decir que debamos ser manipuladas y controladas por nuestros errores, pero se nos dio la capacidad de reconocer nuestra imperfección y confrontarla día a día. Solo Dios es el único que se perfecciona en nuestras debilidades, por eso fuimos hechos de tal manera.

Declaración de hoy:

DECLARO reconocer mi imperfección para mejorar.
DECLARO no ser controlada por mis imperfecciones.
DECLARO poner mis faltas en las manos de mi Dios.
DECLARO que Dios se perfeccionará en mi debilidad.

Herramientas:

Reconocer para mejorar:

+ Analiza las áreas de tu vida que necesitas mejorar.
+ Acepta críticas que te construyan.
+ Reconoce que fallar es mejor que lamentarse.

No dejes controlarte por:

+ La ira, el mal humor, las circunstancias incómodas etc.
+ Vicios, busca ayuda profesional si no tienes fuerza de voluntad.
+ Las personas y sus apariencias.

Ten control de:

+ Tus palabras.
+ Tus acciones.
+ Tus impulsos.

RECUERDA:

Cada vez que veas a Dios glorificarse en tu vida, agradécele a tus imperfecciones por esa oportunidad.

CREO, CONFÍO Y PROCLAMO LO SIGUIENTE:

_____

_____

_____

_____

_____

_____

_____

_____

_____

_____

_____

_____

_____

_____

_____

_____

_____

_____

_____

_____

_____

DECLARACIONES DE VIDA PARA LA MUJER

ACERCA DE LA AUTORA

SAMARA PÉREZ ES una conferencista, salmista, pastora y compositora venezolana que le apasiona inspirar con el mensaje de esperanza que solo se encuentra en Jesús. Para ella después de Dios, la familia es lo más importante. De manera que junto a su esposo el pastor y orador internacional James Pérez, han combinado sus ministerios para sembrar en la obra del Señor. Sus enseñanzas son basadas en temas relevantes que se ajustan al estilo de vida que todo individuo confronta en su diario caminar, estas se transmiten en las redes sociales con el nombre "Principios que cambian vidas". Por otro lado, la música de Samara—en sus diversos géneros y fusiones latinas— muestra claramente la alegría que la caracteriza; sus canciones y letras sobresalientes son una evidente expresión de un corazón agradecido. Lleva más de dos décadas de casada, tiene dos hijos Sabrina y Jamses y reside junto a su familia en Naples, Florida, EE. UU.

INFORMACIÓN DE CONTACTO:

Correos electrónicos
Samaraofficial9@gmail.com | Jamesysamara@gmail.com

Página de información para invitaciones
Jamesysamara.com

Redes sociales
Facebook: Samara
Facebook: James y Samara
Instagram: Samaraoficial1
Twitter: samaraofficial9
YouTube: SamaraOficial